INTERCULTURALISMO Y CATEQUESIS

Teniendo en cuenta la incertidumbre que acompaña a la humanidad en los procesos de migración/inmigración, el Dr. Hosffman Ospino nos invita a reflexionar sobre la experiencia de encuentro por medio de la cultura que la Iglesia debe fomentar. El saber que Dios siempre nos encuentra por medio de la cultura, en contextos étnicos, sociológicos e históricos es una inspiración para la catequesis en nuestro día.

MARGARET MATIJASEVIC, *Directora ejecutiva, National Conference for Catechetical Leadership*

Uno de los teólogos pastorales más innovadores en nuestro país nos ofrece elementos de sabiduría práctica con relación a preguntas urgentes sobre lo que significa ser católico en nuestras comunidades diversas en los Estados Unidos. ¡Si buscas una manera accesible y profunda de entender la catequesis en una Iglesia multicultural, éste es un recurso que vale la pena!

TIMOTHY MATOVINA, *autor de* ***Latino Catholicism: Transformation in America's Largest Church***

¡Un recurso invaluable que llega justo a tiempo! Al combinar teoría, investigación y experiencia práctica, el Dr. Ospino nos ofrece un recurso eficaz para los catequistas que buscan entender la importancia del idioma y la cultura en los procesos de formación en la fe y su transmisión.

JAVIER W. BUSTAMANTE, *Director ejecutivo de la oficina de diversidad y compromiso cultural en la Arquidiócesis de Washington*

Hosffman ofrece a todos los líderes parroquiales comprometidos con la educación y la evangelización un libro práctico, inspirador y agradable. Esta obra nos da una idea clara de la relación fundamental entre vida, fe y cultura.

REV. LUIS A. GUIDO, *artista y poeta, autor de* ***Amar con sabiduría es saber volar***

Justo cuando la necesidad es más grande, llega Hosffman Ospino con un trabajo excelente y completo sobre el encuentro entre fe y cultura en el contexto de la catequesis. Un recurso de mucho valor para catequistas y líderes parroquiales en sus esfuerzos de responder a la llamada del Evangelio en una sociedad culturalmente diversa.

SR. RUTH BOLARTE, IHM, D.MIN, *Directora de la oficina de ministerio Multicultural, Diócesis de Metuchen*

La diversidad cultural es una realidad actual en la Iglesia en los Estados Unidos: ¡no es una meta ni una opción! Hosffman Ospino guía a los catequistas de una manera accesible y concreta a través de esta realidad con el objetivo de apreciar la relación entre fe y cultura. Demostrando cómo se ilustra esta relación en documentos eclesiales, él nos ofrece consejos prácticos sobre "qué hacer" y "qué no hacer" en la catequesis en parroquias y diócesis en los Estados Unidos.

BARBARA ROMANELLO-WICHTMAN, D.MIN, *Directora de educación religiosa y catequesis para la Diócesis de Columbus, Ohio*

El profesor Ospino ha presentado una perspectiva pedagógica importante para compartir la fe efectivamente en una Iglesia y en comunidades culturalmente diversas. Ésta es una guía que todos debemos tener, la cual está llena de herramientas y recomendaciones para catequistas y líderes de la catequesis que nos ayudará en el arte de compartir la fe en medio de la complejidad de nuestros contextos culturalmente diversos.

PETER J. DUCTRÁM, MA, M.DIV, *Director arquidiocesano de catequesis, Arquidiócesis de Miami; miembro de la Federación para la Catequesis con Hispanos*

¡Una herramienta indispensable para el catequista de hoy! Hosffman Ospino ofrece un gran resumen de la sabiduría de la Iglesia sobre la importancia de la cultura, y comparte con los educadores religiosos recomendaciones excelentes que vienen de la práctica.

MAR MUÑOZ-VISOSO, MTS, *Directora ejecutiva, Diversidad Cultural en la Iglesia, Conferencia Nacional de Obispos Católicos*

Esta guía esencial responde a las necesidades que los catequistas tienen en nuestro día. El Dr. Ospino, usando un lenguaje directo, claro y conciso enumera desafíos y ofrece recomendaciones para responder. Éste es un recurso pastoral excelente para los catequistas.

REV. ALEJANDRO LÓPEZ-CARDINALE, *Presidente, Red nacional católica de pastoral juvenil hispana*

BIBLIOTECA ESENCIAL *del* CATEQUISTA

Interculturalismo *y* catequesis

GUÍA DEL CATEQUISTA PARA RESPONDER A LA DIVERSIDAD CULTURAL

Hosffman Ospino, Ph.D.

TWENTY-THIRD PUBLICATIONS
twentythirdpublications.com

Dedicación

A mi estimada amiga María Pilar Latorre.

Gracias por tu compromiso y pasión por la catequesis.

Gracias por tu amistad, cariño e inspiración.

Gran parte de tu sabiduría se encuentra en este libro.

SECOND PRINTING 2018

TWENTY-THIRD PUBLICATIONS
1 Montauk Avenue, Suite 200, New London, CT 06320
(860) 437-3012 » (800) 321-0411 » www.twentythirdpublications.com

FOTOGRAFÍA EN LA PORTADA: ISTOCKPHOTO.COM/FATCAMERA

ISBN: 978-1-62785-303-3
Número de la tarjeta en el catálogo de la Biblioteca del Congreso: 2017945077
Impreso en los Estados Unidos de América

Contents

INTRODUCCIÓN

¡Qué gran momento para ser catequistas católicos en los Estados Unidos! Espero que concuerdes conmigo. Probablemente otros catequistas dijeron lo mismo hace treinta, cincuenta, cien y muchos años más. También ellos tenían la razón. Anunciar la Buena Nueva de Jesucristo y la riqueza de la tradición cristiana siempre es razón para estar alegres.

¿Qué hace que la catequesis sea una actividad fascinante en este momento histórico? La verdad es que la respuesta a esta pregunta tiene poco que ver con circunstancias fáciles y cómodas. De hecho, vivimos en una época de grandes transiciones—demográficas, culturales, sociales e incluso políticas—que exigen ajustes profundos a la manera como los católicos compartimos nuestra fe.

Olas migratorias recientes, especialmente provenientes de América Latina, el Caribe, Asia y África, al igual que de otros lugares en el mundo, están transformando profundamente miles de comunidades de fe en el país. En varias regiones y ciudades de los Estados Unidos, el catolicismo es una experiencia evidentemente bilingüe (inglés/español) y bicultural, en particular gracias al crecimiento impresionante de la población hispana. Por otro lado, la influencia cada vez más prevalente de los medios de comunicación social, los cuales definen nuevos estilos de vida, y el uso constante de recursos tecnológicos no sólo han ampliado nuestra conciencia global, sino que también nos exigen llevar el mensaje cristiano a los mundos virtuales en el que habitan millones de católicos.

Muchas personas hablan de un cambio de paradigma. Sí, ha surgido un paradigma cultural nuevo, el cual se caracteriza por su diversidad. Esto significa que vivimos en un contexto diferente en el cual la diversidad cultural es el pan de cada día para millones de católicos que vivimos y practicamos nuestra fe en los Estados Unidos. Este cambio nos exige imaginar maneras nuevas de catequizar y evangelizar que respondan a la realidad de nuestros contextos culturalmente diversos. Vivimos en un tiempo de desafíos y oportunidades.

Este corto libro busca responder a la pregunta sobre qué significa catequizar en una iglesia culturalmente diversa. Es una pregunta que, sin lugar a duda, nos hacemos muchos catequistas y agentes pastorales en miles de parroquias, escuelas, organizaciones y grupos en todo el país. El tema de la diversidad cultural con frecuencia suscita toda clase de sentimientos: ansiedad, duda, confusión, escepticismo, exasperación, expectativa y curiosidad, entre otros. Está bien sentir todas estas emociones, pues ello indica que al catequizar éste es un tema que necesitamos abordar. De hecho, estos sentimientos nos llevan a responder de alguna manera. Me preocuparía más si el tema de la diversidad cultural no generara reacción alguna cuando catequizamos.

Si te acercas a este libro buscando "soluciones" a la diversidad cultural, no las vas a encontrar. Este libro no aborda el tema de la diversidad como un problema sino como una *oportunidad*. La diversidad cultural es una oportunidad única para compartir la Buena Nueva de Jesucristo de manera nueva y creativa teniendo en cuenta las muchas realidades culturales que influencian la vida de los católicos estadounidenses. No somos los primeros católicos en hacer esto. Seguramente no seremos los últimos.

En algunos casos, catequizar en un contexto culturalmente diverso exige aprender un idioma nuevo o explorar una tradición cultural distinta a la nuestra para así compartir mejor la fe. En tales contextos es necesario que partamos de nuestras propias fortalezas culturales. Al mismo tiempo, necesitamos invitar a otras personas de los distintos grupos culturales, lingüísticos, raciales y étnicos que ya están presente en nuestras comunidades de fe a que nos acompañen y asuman liderazgo. Puesto que la diversidad cultural nos afecta a todos de una manera u otra, los catequistas y los líderes catequéticos en contextos diversos hemos de cultivar competencias interculturales.

La diversidad cultural nos abre a un mundo de posibilidades nuevas tanto para la catequesis como para los catequistas. Nos exige ir más allá de la manera como siempre hacemos las cosas. Nos invita a que hagamos el mejor uso de nuestra imaginación y nuestra sabiduría. Nos saca de los espacios en los que nos sentimos cómodos, nos lanza a espacios que exigen maneras nuevas de relacionarnos y nos pide pensar en pedagogías nuevas. ¡Esto es lo que hace que sea una realidad fascinante!

En las siguientes páginas encontrarás una combinación de reflexiones y sugerencias para catequizar y organizar iniciativas catequéticas en contextos culturalmente diversos. Me he inspirado en varias fuentes. Primero, mi propia experiencia catequética de muchos años en una parroquia trilingüe, luego trabajando a nivel diocesano y actualmente como profesor de educación religiosa en una universidad católica. Segundo, los argumentos en este libro surgen del estudio y diálogo con varios campos del conocimiento que exploran el tema de la cultura. Tercero, y quizás la más importante, me inspiro en la sabiduría de un sinnúmero de líderes catequéticos y agentes pastorales de distintas tradiciones culturales con quienes he tenido el privilegio de conversar y de cuya inmensa experiencia he aprendido mucho a medida que viajo por el país dando conferencias.

Al final de cada capítulo hay algunas preguntas para la reflexión y el diálogo. Te invito a leer o estudiar el libro con otras personas en tu grupo o tu comunidad de fe. Este es un tema que sin lugar a duda exige que lo abordemos en conversación con otros.

Hosffman Ospino

31 de enero del 2017
Fiesta de San Juan Bosco

PARTE I

Por qué

1

Sí, amigos, la diversidad cultural es real

Es posible que si eres un católico en los Estados Unidos hayas escuchado hablar sobre "diversidad cultural". Si eres una persona hispana, tal vez te han dicho que tú presencia es uno de los signos de la diversidad que actualmente identifica al catolicismo en el país. Si no es así, bueno, ¡lo acabas de leer! Quizás estás leyendo este libro precisamente porque alguien te informó que la catequesis en tu comunidad de fe necesitaba poner más atención a asuntos de diversidad cultural y quizás tú podías ayudar desde tu propia experiencia.

La expresión "diversidad cultural" es muy común en conferencias, documentos eclesiales y programas. Incluso los obispos católicos de los Estados Unidos en el año 2008 establecieron una oficina llamada Secretariado de Diversidad Cultural en la Iglesia.

¿Pero qué es exactamente la diversidad cultural? ¿A qué nos referimos cuando usamos esta expresión? Algunos catequistas y agentes pastorales se sienten confundidos frente a estos términos. A otros les da curiosidad. Otros los ven con sospecha y en ocasiones los ignoran porque en algunos sectores de nuestra sociedad las palabras "cultura" y "diversidad" son interpretadas con ciertos prejuicios políticos e ideológicos.

El propósito aquí no es entrar en un análisis político o ideológico de estos dos conceptos. Para asegurarnos que tal es el caso, vamos a afirmar desde un principio que en este libro nos referimos a la diversidad ***no*** como una "filosofía" (un grupo de ideas en particular que conduzcan a un compromiso determinado) ***ni*** como "un ideal que buscamos alcanzar" (ej. vamos a hacer del catolicismo estadounidense una realidad culturalmente diversa).

En este libro hablamos de diversidad cultural como *una realidad* que ya es y que define en gran parte la manera cómo la mayoría de católicos en los Estados Unidos vivimos y experimentamos a Dios en lo cotidiano. ¡Sí, la mayoría! Ser católico en los Estados Unidos es ser parte de una hermosa experiencia en la cual muchos bautizados de distintas culturas, razas y tradiciones nos encontramos en parroquias, escuelas y otras comunidades de fe para experimentar la plenitud del amor de Cristo y construir la iglesia en el siglo XXI.

Las siguientes cifras nos dan una idea de por qué es importante hablar de diversidad cultural:

- Existen aproximadamente 17.200 parroquias católicas en los Estados Unidos. En cerca del 40% de estas comunidades (aprox. 7.000) se celebran la Misa y otros servicios en inglés y otros idiomas o son comunidades en las que más de la mitad de los feligreses no se identifican como católicos de raza blanca. Miles de parroquias exhiben las dos características.

- Cerca de 4.500 parroquias católicas en el país ofrecen servicios directamente a los católicos hispanos, primordialmente en español.

- Los dos grupos raciales/étnicos de católicos que más rápido crecen en el país son los hispanos y los asiáticos.

- Más del 50% de los católicos mayores de 35 años son blancos, euroamericanos.

- El 60% de los católicos menores de 18 años son hispanos.

Como católicos en los Estados Unidos, no necesitamos imaginarnos la diversidad cultural o buscar la manera de ser diversos. Aceptar que somos una comunidad culturalmente diversa es el punto de partida para comenzar el diálogo y así entender mejor nuestra realidad presente mientras que anticipamos hacia donde nos dirigimos en el futuro. Al mismo tiempo, ser conscientes de nuestra diversidad nos permite pensar con más intencionalidad qué clase de iniciativas catequéticas y evangelizadoras necesitamos.

La diversidad cultural influencia directamente la manera cómo nos entendemos como personas y como miembros de una comunidad, cómo vivimos nuestra fe y cómo la compartimos con las siguientes generaciones. Cuando decimos "nosotros", nos referimos a todas las personas de todas las culturas, razas y etnicidades que nos identificamos como católicos: blancos, negros, hispanos, asiáticos, indígenas estadounidenses, etc.

A medida que imaginamos maneras nuevas y creativas de catequizar en un contexto culturalmente diverso como la Iglesia Católica en los Estados Unidos, necesitamos tener conversaciones honestas que nos ayuden a reflexionar sobre

- la importancia de los muchos idiomas que los católicos hablamos en nuestras parroquias,

- las tradiciones culturales que dan vida a nuestros valores y convicciones, y
- las maneras como preferimos compartir sobre lo que significa vivir en relación con Dios.

Necesitamos hacer esto construyendo *una* iglesia en comunión con Dios y con los demás. ¡Es una gran tarea, sin lugar a duda, pero vale la pena! Si nos sirve de consolación, no somos los primeros católicos en la historia de los Estados Unidos que tienen tamaña responsabilidad.

PRIMERAS OLAS MIGRATORIAS CATÓLICAS

El catolicismo en los Estados Unidos desde sus comienzos se ha sostenido gracias a la fidelidad, creatividad y perseverancia de inmigrantes procedentes de distintas partes del mundo.

Los primeros católicos en lo que hoy en día es el territorio estadounidense vinieron de España más de dos siglos antes de que la nación fuese establecida como tal. Estos católicos se establecieron principalmente en el Sur y el Oeste del país, algunos en el Sudeste y en el Caribe. Allí construyeron misiones que funcionaron como centros religiosos y educativos al servicio de las comunidades locales. Con el paso del tiempo, la mayoría de estas misiones cerraron y dejaron de tener la influencia evangelizadora que motivó su creación.

Católicos de raíces culturales francesas se concentraron primordialmente en el antiguo territorio de Luisiana, en donde construyeron sus iglesias. Algunos se establecieron en la parte norte del país cerca de otros inmigrantes franceses que formaron comunidades en lo que hoy en día es Canadá. A pesar de que aquellos territorios con grandes números de católicos con raíces culturales francesas poco a poco se hicieron parte de la nación estadounidense, varios elementos de aquella cultura francesa siguieron forjando la identidad de sus comunidades.

Aunque la presencia de los católicos de raza negra no ha sido tan grande, sí ha sido bastante significativa en la iglesia en este país desde el siglo XVI. Desafortunadamente los efectos negativos de la esclavitud y la discriminación racial impidieron que esta población se integrara de lleno en muchas comunidades católicas y floreciera. Muchos de esos efectos se siguen sintiendo aún en nuestro día.

Durante el siglo XIX, una vez que los Estados Unidos se había convertido en una nación independiente, millones de católicos provenientes especialmente de Europa Occidental llegaron al país y se establecieron en su mayoría en las regiones del Noreste y el Medio Oeste. Muchos otros se desplazaron a otras partes de la joven nación a medida que ésta expandía sus fronteras. Millones más llegarían en las siguientes décadas. A mediados del siglo XX, después de 150 años de presencia, los católicos estadounidenses, en su mayoría descendientes de esos inmigrantes europeos, habían construido más de 23.000 parroquias, más de 13.000 escuelas y miles de estructuras, incluyendo hospitales y universidades, las cuales sirvieron como evidencia de una presencia impetuosa al servicio de la sociedad estadounidense. Hoy en día una cuarta parte de la población estadounidense se identifica como católica.

Vale la pena mencionar el papel de las *parroquias nacionales* en el proceso de integración de estos inmigrantes. La mayoría de inmigrantes católicos europeos que llegaron en el trascurso de siglo y medio no hablaba inglés como primer idioma. A medida que construían parroquias y celebraban su fe, tuvieron la oportunidad de usar sus propios idiomas. Los católicos italianos establecieron parroquias para los italianos, los católicos alemanes establecieron parroquias para los alemanes, etc. Aunque las liturgias se celebraban oficialmente en latín (el idioma común de la liturgia en aquel entonces), usualmente las homilías, la catequesis, las misiones, los programas de evangelización y otras iniciativas pastorales se ofrecían en los idiomas que hablaban los inmigrantes.

Éste es un ejemplo excelente de cómo ser creativos en medio de la diversidad cultural. Las parroquias nacionales, y todo lo que ocurría en ellas, fueron una respuesta a la diversidad cultural más que una negación de esta realidad. Las parroquias nacionales fueron verdaderos oasis culturales y lingüísticos para estos inmigrantes y sus familias. Estas parroquias jugaron un papel importante fomentando la relación entre fe y cultura.

A medida que las olas migratorias desde Europa se redujeron y los hijos y los nietos de los inmigrantes se integraban a la cultura estadounidense, el uso de idiomas que no fueran el inglés se hizo menos común. Las parroquias nacionales poco a poco dejaron de definirse como comunidades primordialmente al servicio de inmigrantes. La mayoría se consolidaron formalmente como parroquias territoriales, ofreciendo servicios y catequesis en inglés a una población católica que por lo general ya no era inmigrante. Muchas de estas parroquias cerraron después de cumplir su misión.

NUEVOS PATRONES MIGRATORIOS EN UN CONTEXTO DE GLOBALIZACIÓN

Si hay algo que podemos decir con certeza es que la historia es como un tren que no para —bueno, técnicamente terminará al final de los tiempos. Por ahora, somos parte de un itinerario histórico.

Desde los primeros años del siglo XIX hasta mediados de siglo XX, el catolicismo estadounidense fue definido primordialmente gracias a los esfuerzos y experiencias de los inmigrantes católicos europeos y sus descendientes. Hoy en día muchas de las características predominantes de la realidad católica estadounidense son el reflejo de esas experiencias.

La segunda parte del siglo XX trajo muchos cambios a los Estados Unidos como nación al igual que a la mayoría de comunidades católicas en el territorio. El sólo hecho de imaginar el impacto de los movimientos y revoluciones de los años sesentas, tan solo para dar un ejemplo, necesitaría un libro bien largo —o quizás una colección completa de libros. Y esto es sólo lo que ocurrió en una década.

Para apreciar mejor el contexto en el que los católicos en los Estados Unidos vivimos actualmente, necesitamos nombrar dos dinámicas que han influenciado significativamente a nuestro país al igual que al resto del mundo durante el último medio siglo: *la globalización* y *los nuevos patrones migratorios*. Ambos han tenido un gran impacto en la redefinición del catolicismo estadounidense y la manera como hablamos de diversidad cultural.

1. La globalización y sus efectos. ¿Has tenido el presentimiento de que el mundo está cambiando demasiado rápido y que te estás quedando atrás? Pues bien, no te lo estás imaginando. ¡El mundo está cambiando rápido y es virtualmente imposible mantenerse al día con todos los cambios que ocurren!

Los descubrimientos tecnológicos contemporáneos y los medios de transporte cada vez más rápidos hacen que el mundo se sienta cada vez más pequeño. Estos cambios han transformado extraordinariamente la manera como nos relacionamos con la realidad inmediata y con quienes nos rodean. El internet pone al mundo en nuestras pantallas y nos mantiene permanentemente "conectados". Los espacios creados por los medios de comunicación social (ej. Facebook) son las nuevas plazas públicas en donde la gente vive, comparte sus ideas y buscan sentido a la vida. Los teléfonos celulares nos permiten estar más comunicados que antes: cada persona tiene su propio número telefónico y se le puede encontrar en cualquier parte. Los teléfonos inteligentes y las tabletas son computadores pequeños pero muy poderosos y nos ofrecen toda clase de servicios, los cuales podemos llevar a todas partes. ¡Es casi impensable vivir sin estos artefactos! Todas estas herramientas han transformado la manera como recibimos, procesamos, creamos, guardamos y desechamos información.

No hay que ser demasiado mayor para notar que muchas de estas realidades han redefinido la manera como nos relacionamos con otras personas. Si tienes más de treinta años, seguramente viviste en una época en que los teléfonos inteligentes, el internet y Facebook no existían o no estaban al alcance de la mayoría de la gente. Hoy no nos entendemos sin ellos.

Sabemos también que vivimos en un mundo en el que las economías de las naciones están mutuamente entrelazadas. Un paso en falso en los mercados asiáticos o en Wall Street crea caos en el sistema financiero global. Un conflicto interno, un desastre natural o la irrupción de un líder político en una nación lejana puede crear una reacción en cadena que empuje a millones de personas a migrar o puede hacer temblar estructuras sociales enteras en cortos períodos de tiempo.

¿Cuál es el impacto de estas realidades en la manera que catequizamos? Podemos decir que estas realidades han generado cambios de perspectiva que exigen maneras nuevas de hacer catequesis. Veamos tres:

Cambio de perspectiva 1. Al ser influenciados por las tendencias culturales actuales, los católicos estadounidenses, especialmente los más jóvenes, se sienten más libres que antes para recibir, procesar, crear, aceptar y rechazar información relacionada con la religión. La catequesis no se puede limitar simplemente a comunicar información que se ha de memorizar, ya sea tomada de un catecismo o de un libro, o a escuchar a alguien en una posición de autoridad. La catequesis tiene que ser un proceso que verdaderamente conecte con las vidas de las personas en el aquí y el ahora de sus existencias, con su capacidad de procesar la información que ya está disponible de muchas maneras. Por ejemplo, si alguien tiene una pregunta sobre la religión, lo más seguro es que consulte primero en Google antes que con un sacerdote o una catequista. La catequesis debe poner atención a los interrogantes de la gente de hoy y familiarizarse con las herramientas que usan para interpretar la realidad.

CAMBIO DE PERSPECTIVA 2. Nuestras vidas están influenciadas constantemente por el uso de la tecnología, el internet y los medios de comunicación social. Nos engañaríamos si asumiéramos que la catequesis sólo debe ocurrir en una iglesia los fines de semana o en un ambiente escolar. Si queremos "conectarnos" como catequistas con los católicos contemporáneos, necesitamos aprender a usar estos recursos para compartir la Buena Nueva. Necesitamos estar presentes en los espacios que nuestros contemporáneos habitan.

CAMBIO DE PERSPECTIVA 3. Hoy en día nuestra gente tiene un sentido bastante refinado de las dinámicas globales que nos afectan. Algunos somos influenciados constantemente por las noticias, los amigos e incluso los familiares cuyas vidas son transformadas por realidades globales tanto a nivel económico como político. Para otros, esta sensibilidad global tiene que ver con nuestras propias vidas. Cerca de diecisiete millones de católicos en los Estados Unidos somos inmigrantes, exiliados o refugiados. Si la catequesis actual se queda corta haciendo conexiones globales, corre el riesgo de hacerse irrelevante. La catequesis no puede ignorar las razones por las cuales los inmigrantes dejamos nuestros países de origen, la culturas y los idiomas en que aprendimos nuestra fe, y las maneras como formamos comunidad en nuestras parroquias, barrios y hogares al comenzar una nueva vida en los Estados Unidos.

Quizás esto no es lo primero que buscabas leer en un libro sobre catequesis y diversidad cultural en los Estados Unidos. Sin embargo, las dinámicas de globalización tienen mucho que ver con las transformaciones culturales actuales. Las realidades que acabamos de describir están dando paso a nuevas maneras de ser estadounidense y católico que los catequistas y los líderes de la catequesis necesitamos tener en cuenta al planear nuestros ministerios.

2. ***Nuevos patrones migratorios.*** Las olas migratorias más recientes que han llegado a los Estados Unidos lo han hecho en medio de las dinámicas de globalización que acabamos de describir. Esta vez, la mayoría de inmigrantes no vienen de Europa sino de América Latina, Asia y África.

El número más grande de inmigrantes católicos que ha llegado a los Estados Unidos viene de América Latina y el Caribe. Debido a sus raíces históricas, culturales y lingüísticas, estos inmigrantes son agrupados bajo la categoría *hispanos* o *latinos*. El impacto de este grupo en la experiencia católica estadounidense no es insignificante: ¡Desde 1960, el 71% del crecimiento de la población católica en los Estados Unidos es el resultado de la presencia hispana!

Los inmigrantes hispanos y nuestros hijos nos unimos a diario a millones de hispanos/latinos que son parte de los Estados Unidos que han vivido en el país por mucho más tiempo. En 1848 la mitad del territorio mexicano se convirtió en parte de los Estados Unidos —la mayor parte de la región del Suroeste. La mayoría de hispanos en nuestro día son mexicoamericanos y mejicanos. En 1898 Puerto Rico fue anexado como un territorio colonial, convirtiendo a los puertorriqueños en el segundo grupo de latinos más grande en el país.

Millones de católicos de América Latina y el Caribe han llegado a los Estados Unidos como parte de una ola migratoria que ha durado varias décadas. Se estima que cada año cerca de un millón de inmigrantes latinoamericanos llegan a los Estados Unidos para quedarse; la mayoría son católicos. Las razones detrás de esta ola de migración continua son muchas. Ciertamente la proximidad geográfica entre Norteamérica y América Latina y el Caribe juega un papel clave. Millones llegaron buscando mejores oportunidades tanto para ellos como paras sus familias; otros huyen de la guerra y la violencia; algunos tuvieron que dejar países políticamente inestables; otros perdieron todo en desastres naturales. Muchos llegan gracias a políticas de reunificación familiar. Al comparalas desde una perspectiva histórica, estas razones son muy parecidas a aquellas que llevaron a millones de católicos europeos a buscar un nuevo hogar en los Estados Unidos no hace mucho.

Durante la segunda parte del siglo XX, cientos de miles de inmigrantes católicos de Asia y África llegaron también a los Estados Unidos. Aunque el impacto de su presencia es menos notable en las parroquias católicas comparado al impacto que los hispanos han tenido, miles de comunidades están siendo transformadas gracias a su presencia, sus tradiciones culturales y las diversas maneras como practican el catolicismo.

Es importante reconocer que grandes porcentajes de católicos adultos hispanos, asiáticos y africanos somos inmigrantes, pero la mayoría de nuestros hijos nacieron en los Estados Unidos. Estos niños y jóvenes están creciendo en hogares inmigrantes y reciben su primer acercamiento a la fe y a su relación Jesucristo guiados por sus padres y familiares inmigrantes. Nuestros esfuerzos catequéticos y evangelizadores necesitan tener en cuenta la influencia que los inmigrantes ejercen en la manera como millones de católicos en el país viven y practican su fe.

A medida que los inmigrantes y nuestros hijos establecemos raíces en la cultura estadounidense, poco a poco vamos haciendo nuestro el estilo "americano" de hacer las cosas. Esto incluye aprender el idioma más común en el país (el inglés), integrarnos a tradiciones propias de esta sociedad y usar las herramientas que nos ayudan a sobrevivir a diario en este país.

Aprender la cultura y apropiarla es parte natural del proceso de integración que cada grupo sigue al llegar a una nueva sociedad. Dicho proceso de integración exige negociar identidades culturales. En el pasado usualmente se les pedía a los inmigrantes que dejaran atrás sus tradiciones culturales para asimilarse de lleno en la sociedad estadounidense. Lo más seguro es que esto nunca ocurrió como se imaginaba, pues eso equivaldría a pedirles a estas personas que negaran lo más íntimo de su ser como individuos y como comunidades. Sin embargo, muchos trataron de hacerlo limitando el uso de idiomas que no fueran el inglés a sus hogares y a otros ambientes privados como las iglesias. Algunos asumieron actitudes y maneras de actuar que les hacían parecer más "americanos" para así ser aceptados en la sociedad en que vivían.

Hoy en día, cuando hablamos de integración cultural en nuestra sociedad no se espera necesariamente que las personas abandonen sus raíces culturales ni sus tradiciones —a pesar de que todavía hay ciertos sectores de la sociedad estadounidense que piensen lo contrario. De hecho, una de las características de la cultura norteamericana es precisamente la apertura a la diversidad cultural como una manera de vivir y realizarse. Está bien ser estadounidense, católico y... blanco, hispano, negro, asiático, indígena, etc.

Si fuésemos a pintar un retrato hablado de la población

católica estadounidense en este momento histórico desde una perspectiva de diversidad cultural, he aquí el resultado (los porcentajes son aproximaciones):

BLANCOS, EUROAMERICANOS	47%
HISPANOS	43%
ASIÁTICOS / ISLAS DEL PACÍFICO	5%
AFROAMERICANOS / NEGROS	4%
INDÍGENAS ESTADOUNIDENSES	1%

Éste es un retrato bastante diferente comparado al de la población católica estadounidense de los años 1950's cuando el 90% de esta población era blanca, euroamericana y apenas un 6% hispana.

Sin lugar a duda, el catolicismo en los Estados Unidos en el siglo XXI será definido según la manera como catequicemos y acompañemos a este grupo diverso de católicos a medida que forman comunidades de fe vivas.

LA PARROQUIA MULTICULTURAL

Tal como dijimos anteriormente, las parroquias nacionales jugaron un papel muy importante ayudando a los inmigrantes católicos europeos a establecerse y a crecer en la fe en los Estados Unidos. Cuando estos inmigrantes llegaron, no había parroquias en la mayor parte del país. Ellos construyeron la mayoría de ellas y las usaron como espacios para conservar tanto su fe como sus propias culturas.

La nueva ola de inmigrantes católicos proveniente de América Latina, Asia y África establece raíces ahora en medio de circunstancias mucho más distintas. Por un lado, estos inmigrantes se encuentran con el hecho de que hay más de 17.000 parroquias católicas que por lo general están bien establecidas y organizadas. Lo más natural para los nuevos inmigrantes es unirse a estas comunidades. En una visión balanceada de entender lo que significa ser iglesia, las parroquias se construyen para servir al Pueblo de Dios y no sólo a un grupo en particular.

Es importante tener en cuenta que la mayor parte del crecimiento del catolicismo en los Estados Unidos hoy en día no ocurre en las regiones del Noreste y del Medio Oeste, en donde hace un poco más de un siglo se estableció la mayoría de inmigrantes católicos de origen europeo. La mayoría de los católicos hispanos y asiáticos viven en las regiones del Sur y del Oeste, en donde hay pocas parroquias y escuelas católicas. En el futuro, a medida que el catolicismo crece en estas regiones, tendremos que construir parroquias, escuelas y otras estructuras para servir adecuadamente las necesidades pastorales y espirituales de las nuevas generaciones.

La mayoría de los católicos en los Estados Unidos estamos vinculados a parroquias territoriales. Por consiguiente, es responsabilidad de cada parroquia local servir las necesidades pastorales y espirituales de todos los católicos *en su territorio*. Con frecuencia, esto exige hacer ajustes culturales y lingüísticos para servir mejor a los católicos que son parte de estas comunidades.

Toda esta información revela cuán importante es hablar de lo complejo que es la diversidad cultural. Tal como indicamos anteriormente, no estamos hablando de una filosofía ni de una meta ideal que buscamos alcanzar. Somos una iglesia diversa. En medio de esta diversidad entramos en relación con Dios con otros católicos de muchas culturas que hablan distintos idiomas y que practican la fe de muchas maneras. Este encuentro ocurre tanto en parroquias como escuelas y otros espacios en los que formamos iglesia.

Por consiguiente, la diversidad cultural no es una opción. Esto puede sonar un tanto radical e incómodo para algunos católicos, pero es la realidad. No podemos ignorar lo que somos a no ser que estemos dispuestos a segregar a nuestras comunidades o correr el riesgo de perder a la siguiente generación de católicos estadounidenses. Ser católico en los Estados Unidos significa participar de una experiencia que nos invita a admitir que la cultura, el idioma, la raza y la etnicidad son importantes. Ser católico en los Estados Unidos es reconocer que los creyentes interpretamos nuestra fe a la luz de las muchas perspectivas culturales que definen nuestras vidas.

El siguiente paso es preguntarnos cómo la diversidad cultural nos desafía a imaginar maneras nuevas y creativas de catequizar. Tal es el propósito de los siguientes capítulos. Concluyamos con tres afirmaciones:

Primero, necesitamos iniciativas y recursos catequéticos que dialoguen intencionalmente con las distintas expresiones y tradiciones culturales que definen cómo los católicos en los Estados Unidos practicamos nuestra fe. Esto exige reconocer la influencia de las distintas dinámicas globales y los patrones migratorios contemporáneos que afectan nuestro diario vivir.

Segundo, necesitamos catequistas que respeten las perspectivas sobre la fe y la vida que surgen en el contexto de la diversidad cultural, reconociendo con humildad que cada uno de nosotros somos parte de una tradición cultural particular.

Tercero, necesitamos catequistas que acojan a todos los bautizados sin importar su origen, estatus migratorio, color de piel, idioma o cultura y les ayuden a formar comunidades de fe profundamente enraizadas en los valores del Evangelio y lo mejor de nuestra tradición cristiana.

Preguntas para el diálogo y la reflexión

- En tus propias palabras, ¿qué es diversidad cultural?

- ¿Qué te llamó la atención sobre la experiencia de los católicos inmigrantes que se han establecido en los Estados Unidos en distintos momentos de la historia?

- ¿Cuáles dirías que son algunas de las características principales del catolicismo estadounidense?

- ¿Qué obstáculos crees que limitan el que algunos católicos acepten el hecho de que somos una iglesia culturalmente diversa?

2

Hablemos de cultura

La conversación sobre diversidad cultural nos exige que nos enfoquemos por un momento en lo que significa el término "cultura". En principio, parece que ésta debería ser una tarea simple. Bastaría con ofrecer una definición que explique el sentido de la palabra de tal manera que cualquier persona la pueda entender y quedar satisfecha.

¡El desafío es encontrar dicha definición! Muchos católicos, incluyendo a filósofos, teólogos, educadores y catequistas han tratado de abordar el término cultura desde distintas perspectivas. La biblioteca de la universidad en donde soy profesor tiene estanterías llenas de libros sobre el tema de la cultura. De hecho, me he encontrado con libros enteros dedicados a compilar y comparar definiciones del término cultura en distintos contextos.

Pero no te preocupes. Lo que sigue aquí no es un estudio de estas definiciones ni un resumen de aquellas conversaciones. Lo único que necesitamos saber en este momento es que cuando hablamos de cultura, nos referimos a una realidad bastante compleja.

Ciertas definiciones de la palabra cultura han sido más

influyentes que otras a través de la historia. Por ejemplo, en ocasiones se ha hablado de cultura como el pertenecer a una clase social (ej. la nobleza), o el tener una posición social privilegiada, o incluso ser ciudadano de una nación. Tener cultura desde esta perspectiva significa pertenecer a un grupo que ejerce influencia política, económica e incluso religiosa. La limitación más notable de esta definición es que se refiere a la cultura como algo que sólo algunas élites pueden alcanzar.

A veces se ha entendido la cultura en términos de logros educativos o profesionales, o quizás como el ser experto o ser reconocido en un campo profesional (ej. las artes, la política, el mundo de la academia). Las personas que obtienen estos logros son reconocidas como personas que "tienen cultura" y por ende consideradas expertas, mientras que las que no los obtienen no reciben tal reconocimiento. Una vez más nos encontramos con una forma de elitismo, pues esta definición sólo reconoce ciertas formas de conocimiento, el cual es reconocido según patrones específicos que con frecuencia excluyen a grandes grupos de personas. Esta perspectiva ignora que hay circunstancias sociales que impiden que muchas personas accedan a la educación o que puedan compartir su sabiduría con el resto de la sociedad.

El término "cultura" también se usa en relación a objetos tales como obras artísticas, literarias y musicales que son fruto de la creatividad del ser humano. Estos productos visibles reflejan ideas y convicciones al igual que tradiciones y puntos de vista. La gran limitación de esta definición es que reduce la idea de cultura primordialmente a aquello que se percibe sólo con los sentidos.

Como podemos ver, definir la palabra cultura no es tan fácil. Las anteriores perspectivas son sólo una breve muestra de las direcciones hacia donde se puede mover esta conversación.

Dando un paso hacia adelante, necesitamos afirmar que

toda cultura tiene elementos visibles e invisibles. Es tentador limitar nuestra definición de cultura a lo que percibimos de manera más inmediata: comida, música, idioma, etc. Cuando nos quedamos sólo en "lo que vemos", surgen los estereotipos. Sin embargo, hay mucho más en una cultura que no se ve que lo que sí se ve: valores, historias, convicciones, principios, prejuicios, esperanzas y otras realidades.

Quienes estudiamos el tema de la cultura con frecuencia usamos la imagen de un témpano de hielo para hablar de esta realidad. Digamos que el témpano de hielo representa el todo de una cultura. La punta del témpano, es decir la parte visible, es muy importante pero no es todo el témpano. De hecho, la parte más grande del témpano de hielo siempre está escondida bajo el agua. Ésta es la parte que sostiene lo que vemos. Algo similar pasa con la cultura. Tenemos que tomarnos el tiempo necesario para aprender y apreciar lo que no vemos.

Necesitamos, por consiguiente, una definición de cultura que integre tanto los elementos visibles como los invisibles.

PERSPECTIVAS CATÓLICAS SOBRE EL CONCEPTO DE CULTURA

Mientras haya personas tratando de identificar e interpretar la experiencia humana, seguramente el número de definiciones de cultura seguirá aumentando.

¡Los católicos no nos hemos quedado atrás en esta conversación! Como podemos intuir, es importante tener un concepto claro de cultura para así explicar quiénes somos y cómo nos relacionamos con Dios y con los demás en el contexto de la historia. Necesitamos una definición clara para determinar cómo el don de la fe hace la diferencia en nuestras comunidades y en nuestros grupos particulares. Además, una buena aproximación a la idea de cultura es importante para que la imaginación se inspire a llevar *la vida a la fe* y *la fe a la vida*.

El Concilio Vaticano II (1962-1965), sin duda alguna el mejor mapa que tenemos los católicos para avanzar la catequesis y la evangelización en la actualidad, es una gran ayuda en esta conversación. El Concilio nos ofrece un marco de referencia muy importante para hablar de la relación entre fe y cultura desde una perspectiva católica:

> "Los gozos y las esperanzas, las tristezas y las angustias de los hombres de nuestro tiempo, sobre todo de los pobres y de cuantos sufren, son a la vez gozos y esperanzas, tristezas y angustias de los discípulos de Cristo". **CONSTITUCIÓN PASTORAL SOBRE LA IGLESIA EN EL MUNDO ACTUAL, *Gaudium et Spes*, N. 1**

A la luz de esta convicción, el concilio propuso una definición integral del término cultura, la cual afirma las dimensiones espirituales y materiales, intelectuales y emocionales, individuales y sociales de nuestra existencia humana:

> Con la palabra cultura se indica, en sentido general, todo aquello con lo que el hombre afina y desarrolla sus innumerables cualidades espirituales y corporales; procura someter el mismo orbe terrestre con su conocimiento y trabajo; hace más humana la vida social, tanto en la familia como en toda la sociedad civil, mediante el progreso de las costumbres e instituciones; finalmente, a través del tiempo expresa, comunica y conserva en sus obras grandes experiencias espirituales y aspiraciones para que sirvan de provecho a muchos, e incluso a todo el género humano.
> ***Gaudium et Spes*, N. 53**

Esta definición no necesariamente lo dice todo, puesto que nuestra tradición es mucho más rica y pudiéramos resaltar algunos otros elementos. Sin embargo, es una definición de cultura bastante completa. Quizás la fortaleza más grande de esta definición es que nos presenta al ser humano viviendo en relación con Dios, los demás y con el mundo.

Esto significa que al hablar de cultura como católicos tenemos que considerar al menos tres elementos fundamentales:

1. nuestra vocación—a existir y a la salvación—viene de Dios;
2. vivimos esa vocación como hijos e hijas de Dios en nuestros contextos culturales específicos, y
3. nuestra meta es realizarnos en lo que hacemos en el contexto de la cultura en que vivimos, trabajando por un mundo mejor para todos, mientras anhelamos la esperanza de la eternidad, prometida y anticipada en Jesucristo.

ALGUNAS CONVICCIONES ESENCIALES SOBRE LA CULTURA

La definición integral de cultura que ofrece *Gaudium et Spes* nos permite hacer varias afirmaciones claves:

Primero, la cultura es un elemento esencial de la experiencia humana. Dios nos encuentra en la historia en el contexto de la cultura en la que vivimos.

Segundo, todo ser humano pertenece a una realidad cultural específica. No existe nadie que viva sin cultura.

Tercero, la cultura es como una matriz dentro de la cual buscamos sentido a nuestra existencia, aprendemos los elementos básicos para interpretar la realidad y entramos en relación con Dios, los demás y el mundo por medio de palabras, símbolos y rituales.

Cuarto, es normal que las culturas más grandes tengan

subculturas que permiten a grupos más pequeños de personas vivir la particularidad su experiencia diaria y sus convicciones con cierto nivel de conveniencia. Por ejemplo, podemos hablar de la cultura católica estadounidense como la realidad amplia que alberga expresiones culturales particulares como el catolicismo hispano, el catolicismo afroamericano, el catolicismo euroamericano, el catolicismo asiático-americano y el catolicismo indígena estadounidense. Cada una de estas expresiones particulares resaltan ciertos elementos de la cultura más grande, aunque pueden ignorar e incluso cuestionar otros. Todas estas expresiones culturales particulares viven en un estado de tensión, pero al mismo tiempo se complementan unas a otras. Es normal que dichas expresiones culturales crucen límites y fronteras, se desafíen mutuamente y, en el proceso, enriquezcan a la realidad cultural dentro de la cual existen. Cada una puede incluso tener expresiones culturales más particulares en su seno. Por ejemplo, los católicos puertorriqueños y los mexicoamericanos actualizan de manera única la experiencia católica hispana estadounidense.

Quinto, aunque todos los seres humanos pertenecemos a comunidades culturales particulares dentro de las cuales se forjan nuestros puntos de vista una y otra vez, es posible migrar de un contexto cultural a otro, aprender contextos culturales nuevos y dejar otros atrás. Vivimos en un mundo acelerado en el cual muchas de estas transiciones ocurren a diario. Es normal que las personas se pasen de un ambiente cultural a otro negociando identidades constantemente.

IMPLICACIONES PARA LA CATEQUESIS

Tomemos entonces estas cinco convicciones claves y pongámoslas en el contexto de la catequesis en comunidades culturalmente diversas, como es el caso de miles de parroquias, escuelas y otras comunidades en los Estados Unidos.

Los catequistas que tomamos en serio la reflexión sobre el tema de la cultura debemos reconocer que...

a. la cultura es importante. No podemos minimizar la importancia del vivir en un contexto cultural específico;

b. la catequesis no puede ocurrir fuera de los ambientes culturales y las realidades inmediatas que afectan las vidas de los católicos. Aun al hablar y enseñar, lo hacemos desde una perspectiva cultural específica;

c. la única manera de compartir nuestra fe con otras personas es usando las herramientas culturales básicas con las cuales ellas interpretan la realidad y entran en relación con Dios, con los demás y con el mundo (ej. idioma, símbolos, rituales). No se puede hablar de una comunicación efectiva sin estas herramientas culturales básicas;

d. las culturas no son ni homogéneas ni estáticas. Las culturas con realidades complejas y siempre en proceso de transformación. Está bien que varias perspectivas culturales coexistan en una relación de tensión creativa y de complementariedad mutua; y por último,

e. el ser humano está constantemente negociando identidades a medida que pasa de un contexto cultural a otro, incluso cuando discierne y practica su fe. La catequesis es una oportunidad perfecta para dialogar sobre esas transiciones y ayudarles a quienes son parte de estos procesos a entender cómo Dios camina con ellos en sus itinerarios.

Preguntas para el diálogo y la reflexión

- Si alguien te pidiera que describieras tu cultura, ¿qué dirías?

- ¿Cuáles son algunas de las percepciones negativas sobre el tema de la cultura que todavía existen en nuestra sociedad o en tu comunidad de fe? (Menciona una o dos). ¿Cómo responderías a partir de lo que has leído en este capítulo?

- Menciona la manera específica como vives el catolicismo en los Estados Unidos desde tu propia identidad cultural. Usando la imagen del témpano de hielo (iceberg), menciona algunos de los elementos visibles y otros invisibles presentes en la manera como vives el catolicismo en los Estados Unidos. ¿Qué aprendiste al hacer este ejercicio?

- ¿Qué posibilidades surgen para la catequesis y la evangelización cuando reconocemos que, aunque creemos en el mismo Jesucristo y pertenecemos a la misma iglesia, hay distintas maneras culturales de vivir el catolicismo en los Estados Unidos?

3

Aprendamos de la sabiduría de nuestra tradición católica

El compromiso de abordar seriamente el tema de la cultura como un aspecto fundamental para la catequesis y la evangelización se remonta a los primeros días del cristianismo. Estamos convencidos como católicos de que el Evangelio puede entrar en lo más íntimo de una cultura y transformarla desde allí con el poder del Espíritu Santo. Dicha convicción le hace eco al misterio de la Palabra de Dios que se encarnó en la persona de Jesús de Nazaret, asumiendo la plenitud de la condición humana para redimirnos y salvarnos.

El encuentro entre el Evangelio y la(s) cultura(s) tiene implicaciones fundamentales para la salvación de la humanidad. Dios nos salva por medio de Jesucristo en el contexto de las realidades culturales en las cuales vivimos diariamente.

Algunos catequistas pueden tener la impresión de que los católicos en los Estados Unidos hacemos demasiado énfasis en la conversación sobre cómo la fe y la cultura se relacionan en los procesos de educar en la fe. Quizás hacemos esto como respuesta a los altos niveles de diversidad cultural que existe en nuestras comunidades. Es posible que algunos catequistas también piensen que la preocupación por temas de diversidad cultural viene de un sector de católicos preocupado por asuntos sociales y políticos que poco tienen que ver con el anuncio del Evangelio y la evangelización.

Ninguna de estas dos observaciones es totalmente acertada.

Por un lado, los católicos en los Estados Unidos no somos los únicos reflexionando sobre el fenómeno de la diversidad cultural. Es la experiencia de cientos de millones de católicos en el mundo entero que a diario somos confrontados con los desafíos del pluralismo cultural, religioso e ideológico actual. ¡Sólo basta con imaginarnos lo que significa ser cristianos y organizar programas catequéticos en Asia, en donde a duras penas el 7% de la población se identifica con esta tradición de fe!

Por otro lado, la reflexión sobre cómo la cultura influye en la catequesis y la evangelización tiene raíces profundamente espirituales y teológicas. Al entrar en la experiencia catequética, los católicos constantemente estamos explorando cómo la fe forma, informa y transforma nuestras vidas por medio del encuentro con Jesucristo. No se hace catequesis en lo abstracto. Cuando catequizamos como católicos, traemos a esta experiencia todo lo que somos, incluyendo nuestra fe, nuestra cultura, nuestras preferencias políticas y nuestras relaciones.

Para ayudar a los catequistas que leen este libro a apreciar cómo los católicos reflexionamos sobre la relación entre catequesis y cultura, he seleccionado algunas citas de varios documentos eclesiales escritos en distintos momentos durante el último siglo. Una de mis colegas, la Dra. Jane Regan, con frecuencia dice que "los documentos son nuestros amigos". Concuerdo con ella.

La mayoría de estas citas vienen de documentos escritos para la iglesia en el mundo entero, a excepción de aquellas tomadas del *Directorio Nacional para la Catequesis* de los Estados Unidos. Estas citas son un buen recurso para fundamentar los argumentos sobre la importancia de fomentar experiencias catequéticas que se acerquen en serio al tema de la diversidad cultural.

LA CULTURA ES MUY IMPORTANTE

Las siguientes citas resaltan cómo la Iglesia Católica reconoce la importancia de la cultura y su papel central en la definición de esfuerzos de evangelización y catequesis.

> "Bien entendida, la diversidad cultural no amenaza la unidad de la Iglesia".
> PAPA FRANCISCO, *Evangelii Gaudium* (2013), N. 117.

> "Lo que importa es evangelizar —no de una manera decorativa, como un barniz superficial, sino de manera vital, en profundidad y hasta sus mismas raíces— la cultura y las culturas... en el sentido rico y amplio que tienen sus términos en la *Gaudium et Spes*, tomando siempre como punto de partida la persona y teniendo siempre presentes las relaciones de las personas entre sí y con Dios".
> PAPA PABLO VI, *Evangelii Nuntiandi* (1975), N. 20.

> "Cada dimensión de la fe, como la fe en su conjunto, debe ser enraizada en la experiencia humana, sin que permanezca en la persona como un añadido o un aparte. El conocimiento de la fe es significativo, ilumina toda la existencia y dialoga con la cultura".
> *Directorio General para la Catequesis* (1997), N. 87.

LA CULTURA, LA CATEQUESIS Y LA EVANGELIZACIÓN VAN DE LA MANO

Nuestros documentos catequéticos ubican a la catequesis en el contexto amplio de la evangelización. Una de las maneras más efectivas de fortalecer esta conexión es afirmando la diversidad cultural en la iglesia.

> "De la catequesis como de la evangelización en general, podemos decir que está llamada a llevar la fuerza del evangelio al corazón de la cultura y de las culturas. Para ello, la catequesis procurará conocer estas culturas y sus componentes esenciales; aprenderá sus expresiones más significativas, respetará sus valores y riquezas propias".
> PAPA JUAN PABLO II, *Catechesi Tradendae* (1979), N. 53.

> "Todo bautizado, por estar llamado por Dios a la madurez de la fe, tiene necesidad y, por lo mismo, derecho a una catequesis adecuada. Por ello, la Iglesia tiene el deber primario de darle respuesta de forma conveniente y satisfactoria. En este sentido hay que recordar, ante todo, que el destinatario del Evangelio es "el hombre concreto, histórico", enraizado en una situación dada e influido por unas determinadas condiciones psicológicos, sociales, culturales y religiosos, sea consciente o no de ello".
> *Directorio General para la Catequesis* (1997), N. 167.

> "La profesión de fe recibida de la Iglesia (*traditio*), al germinar y crecer a lo largo del proceso catequético, es devuelta (*redditio*) enriquecida con los valores de las diferentes culturas".
> *Directorio General para la Catequesis* (1997), N. 78.

> "Los Catecismos locales, en efecto, elaborados o aprobados por obispos diocesanos o por Conferencias Episcopales, son instrumentos inapreciables para la catequesis, 'llamada a llevar la fuerza del Evangelio al corazón de la cultura y de las culturas'".
>
> *Directorio General para la Catequesis* (1997), N. 131.

CATEQUESIS E INCULTURACIÓN

No existe una manera "universal" de hacer catequesis, lo cual se hace evidente cuando ponemos atención a cómo las distintas culturas llevan a cabo este proceso. Es importante hacer adaptaciones para poder catequizar en una iglesia culturalmente diversa.

> "Este Pueblo de Dios se encarna en los pueblos de la tierra, cada uno de los cuales tiene su cultura propia... El ser humano está siempre culturalmente situado: 'naturaleza y cultura se hallan unidas estrechísimamente'. La gracia supone la cultura, y el don de Dios se encarna en la cultura de quien lo recibe". PAPA FRANCISCO, *Evangelii Gaudium* (2013), N. 115.

> "Cuando en un pueblo se ha inculturado el Evangelio, en su proceso de transmisión cultural también transmite la fe de maneras siempre nuevas; de aquí la importancia de la evangelización entendida como inculturación". PAPA FRANCISCO, *Evangelii Gaudium* (2013), N. 122.

> "La 'predicación acomodada de la Palabra revelada debe mantenerse como ley de toda evangelización'. Esta norma tiene su intrínseca motivación teológica en el misterio de la encarnación... [La Iglesia] va al encuentro de cada [ser humano], tiene en cuenta

seriamente la variedad de situaciones y culturas y mantiene la comunión de tantas personas en la única Palabra que salva".
Directorio General para la Catequesis (1997), n. 169.

"La adaptación se realiza de acuerdo con las diversas circunstancias en que se transmite la Palabra de Dios. Responde a 'las exigencias que dimanan de las diferentes culturas, de edades, de la vida espiritual, de situaciones sociales y eclesiales de aquéllos a quienes se dirige la catequesis'. A ellas deberá prestarse una atenta consideración".
Directorio General para la Catequesis (1997), n. 170.

"En los distintos pueblos, que experimentan el don de Dios según su propia cultura, la Iglesia expresa su genuina catolicidad y muestra 'la belleza de este rostro pluriforme'. En las manifestaciones cristianas de un pueblo evangelizado, el Espíritu Santo embellece a la Iglesia, mostrándole nuevos aspectos de la Revelación y regalándole un nuevo rostro. En la inculturación, la Iglesia 'introduce a los pueblos con sus culturas en su misma comunidad', porque 'toda cultura propone valores y formas positivas que pueden enriquecer la manera de anunciar, concebir y vivir el Evangelio'".
Papa Francisco, *Evangelii Gaudium* (2013), n. 116.

LA CATEQUESIS Y LA DIVERSIDAD CULTURAL EN LOS ESTADOS UNIDOS

El *Directorio Nacional para la Catequesis* hace eco a la visión universal de la iglesia para la catequesis y hace aplicaciones específicas a la Iglesia Católica en los Estados Unidos. Las siguientes citas resaltan la realidad de pluralismo cultural como una parte integral de la experiencia estadounidense.

> "Dado que las personas pueden alcanzar su humanidad plena sólo por medio de la cultura, la Iglesia Católica en los Estados Unidos acepta e incorpora el rico pluralismo cultural de todos los fieles, estimula la identidad cultural distintiva de cada grupo cultura y exhorta al enriquecimiento mutuo. Al mismo tiempo, la Iglesia Católica promueve la unidad de fe dentro de la diversidad multicultural de la población".
> **USCCB, *Directorio Nacional para la Catequesis* (2005), CAPÍTULO 1, II.C.1.**

> "La diversidad de orígenes étnicos, educación y situaciones sociales exige a la Iglesia que integre a los nuevos inmigrantes en una manera tal que se respeten a la vez esas diversas culturas y las experiencias de Iglesia y que se enriquezcan tanto los inmigrantes como la Iglesia. La Iglesia del siglo XXI en los Estados Unidos será una Iglesia de muchas culturas, idiomas y tradiciones, pero será única en la fe". **USCCB, *Directorio Nacional para la Catequesis* (2005), CAPÍTULO 1, II.C.1.**

> "Si la catequesis debe ser eficaz, todos los que son responsables de ella deben supervisar los rápidos cambios de las tendencias sociales y culturales. El catequista debe ser capaz de presentar la persona real de Jesucristo a las personas reales de este tiempo y este lugar de la historia". **USCCB, *Directorio Nacional para la Catequesis* (2005), CAPÍTULO 1, 14.**

TAREAS DE LA CATEQUESIS RESPECTO A LA INCULTURACIÓN DE LA FE

"Forman un conjunto orgánico y son en síntesis los siguientes:
conocer en profundidad la cultura de las personas y el grado de penetración en su vida;

• reconocer la presencia de la dimensión cultural en el mismo Evangelio; afirmando por una parte que éste no es fruto de ningún *humus* cultural humano, pero admitiendo, por otra parte, que el Evangelio no puede aislarse de las culturas en las que se inscribió al principio y en las que después se ha expresado a lo largo de los siglos;

• anunciar el cambio profundo, la conversión, que el Evangelio, como fuerza 'transformadora y regeneradora', opera en las culturas;

• dar testimonio de que el Evangelio transciende toda cultura y no se agota en ella y, a la vez, discernir las semillas del Evangelio que pueden estar presentes en cada una de las culturas;

• promover al interior de cada una de las culturas a evangelizar una nueva expresión del Evangelio, procurando un lenguaje de la fe que sea patrimonio común de los fieles, y por tanto factor fundamental de comunión;

• mantener íntegros los contenidos de la fe de la Iglesia; y procurar que la explicación y la clarificación de las fórmulas doctrinales de la Tradición sean presentadas teniendo en cuenta las situaciones

> culturales e históricas de los destinatarios y evitando, en todo caso, mutilar o falsificar los contenidos" ***Directorio General para la Catequesis* (2017), N. 203.**

ACOMPAÑAMIENTO CATEQUÉTICO A LOS INMIGRANTES

La Iglesia Católica se ha destacado por su compromiso de acompañamiento a los inmigrantes. Sabiendo que vienen de varias culturas, los inmigrantes necesitan un cuidado pastoral y una catequesis que afirme la riqueza de los valores que traen y apoyen sus esfuerzos para integrarse a la cultura que les recibe.

> "La atención pastoral a los emigrantes, en efecto, conlleva la acogida, el respeto, la tutela, la promoción y el amor auténtico a cada persona en sus expresiones religiosas y culturales". **PONTIFICIO CONSEJO PARA LA PASTORAL DE LOS EMIGRANTES E ITINERANTES, *Instrucción, La caridad de Cristo hacia los emigrantes*, N. 28.**

> "Los responsables de la pastoral de la emigración, por consiguiente, deberán ser suficientemente expertos en comunicación intercultural". **PONTIFICIO CONSEJO PARA LA PASTORAL DE LOS EMIGRANTES E ITINERANTES, *Instrucción, La caridad de Cristo hacia los emigrantes*, N.78.**

> "Como *comunión*, [la Iglesia] da valor a las legítimas particularidades de las comunidades católicas, conjugándolas con la universalidad. La unidad de Pentecostés no anula las distintas lenguas y culturas, sino que las reconoce en su identidad, abriéndolas, sin embargo, a la alteridad, a través del amor universal que en ellas obra". **PONTIFICIO CONSEJO PARA LA PASTORAL DE LOS EMIGRANTES E ITINERANTES, *Instrucción, La caridad de Cristo hacia los emigrantes*, N. 37.1.**

> "A los muchos desarraigos (de la tierra de origen, de la familia, de la lengua, etc.), a los que expone forzosamente la expatriación, no se debería agregar el del rito o de la identidad religiosa del emigrante". **PONTIFICIO CONSEJO PARA LA PASTORAL DE LOS EMIGRANTES E ITINERANTES, *Instrucción, La caridad de Cristo hacia los emigrantes*, N. 49.**

> "Hay que considerar la catequesis para personas que viven, en situación marginada, o próximas a ella, o ya sumidos en la marginación, como son los emigrantes, los exilados, los nómadas, las personas sin hogar... Signos permanentes de la vitalidad de la catequesis son la capacidad para distinguir la diversidad de las situaciones; captar las necesidades y demandas de cada persona; valorar los encuentros personales, dedicándoles una atención generosa y paciente; proceder con confianza y realismo, recurriendo a menudo a formas de catequesis indirectas y ocasionales". ***Directorio General para la Catequesis* (1997), N. 190.**

CATEQUESIS Y DIVERSIDAD LINGÜÍSTICA

Muchas parroquias están haciendo un gran esfuerzo para incorporar en las celebraciones litúrgicas los idiomas que las distintas comunidades culturales hablan. Hemos de hacer esfuerzos similares en nuestras experiencias catequéticas.

> "La catequesis es una acción evangelizadora básica de toda Iglesia particular. Mediante ella, la diócesis ofrece a todos sus miembros y a todos los que se acercan con el deseo de entregarse a Jesucristo, un proceso formativo que les permita conocer, celebrar, vivir y anunciar el

> Evangelio dentro de su propio horizonte cultural. De esta manera, la confesión de fe, meta de la catequesis, puede ser proclamada por los discípulos de Cristo 'en su propia lengua'. Como en Pentecostés, hoy también la Iglesia de Cristo, 'presente y operante' en las iglesias particulares, 'habla todas las lenguas', ya que, cual árbol que crece, echa sus raíces en todas las culturas".
> ***Directorio General para la Catequesis*** **(2017), N. 218.**

LA CATEQUESIS DEBE GENERAR CONCIENCIA SOBRE REALIDADES SOCIOCULTURALES

Los catequistas tenemos el potencial de hacer nuestra la llamada a promover la justicia y a cultivar en las personas a quienes catequizamos el compromiso con prácticas de inclusión y paz.

> "*Es importante, sobre todo en el contexto de la catequesis, que la enseñanza de la doctrina social se oriente a motivar la acción para evangelizar y humanizar las realidades temporales*. De hecho, con esta doctrina la Iglesia enseña un saber teórico-práctico que sostiene el compromiso de transformación de la vida social, para hacerla cada vez más conforme al diseño divino. La catequesis social apunta a la formación de hombres que, respetuosos del orden moral, sean amantes de la genuina libertad, hombres que 'juzguen las cosas con criterio propio a la luz de la verdad, que ordenen sus actividades con sentido de responsabilidad y que se esfuercen por secundar todo lo verdadero y lo justo asociando de buena gana su acción a la de los demás'".
> **PONTIFICIO CONSEJO "JUSTICIA Y PAZ", *Compendio de la Doctrina Social de la Iglesia* (2004), N. 530.**

Preguntas para el diálogo y la reflexión

- ¿Cuál fue tu primera reacción al leer estas citas de documentos eclesiales en este capítulo sobre la relación entre la catequesis y la cultura?

- El Papa Francisco afirma: "la diversidad cultural no amenaza la unidad de la Iglesia". ¿Cómo le explicarías esto a un grupo de católicos que piensa que demasiado énfasis en temas de diversidad cultural es un obstáculo para lograr la unidad?

- El Pontificio Consejo para la Pastoral de los Emigrantes e Itinerantes nos recuerda que la "atención pastoral a los emigrantes, en efecto, conlleva la acogida, el respeto, la tutela, la promoción y el amor auténtico a cada persona en sus expresiones religiosas y culturales". ¿Cómo estás haciendo esto con los inmigrantes en tu comunidad (si los hay) o los católicos que son de una tradición cultural distinta a la tuya?

- ¿Qué clase de catequesis es necesaria para crear un ambiente de atención pastoral mutuo y de "amor auténtico" en nuestras comunidades de fe que son diversas?

4

Al estilo de Dios

¿Cómo sabemos que Dios se hizo presente en la historia y reveló algo importante a toda la humanidad? Veamos qué dicen las Escrituras.

El pueblo de Israel en el Antiguo Testamento era uno de muchos pueblos en su época, aunque con su propia historia, tradiciones culturales, idioma, valores, historias, convicciones, rituales, convicciones políticas y normas sociales. Lo que hizo al pueblo de Israel único, y por consiguiente relevante en nuestra reflexión sobre el valor de la cultura, es que el Dios de la Revelación judeocristiana decidió relacionarse directamente con ellos de una manera más íntima. Al hacer esto, Dios entra en diálogo con las características propias que identifican al pueblo de Israel, afirmándolas en ciertas ocasiones y cuestionándolas en otras.

Jesús, la Palabra encarnada, se hizo uno de nosotros en medio de una cultura específica: la cultura judía de hace dos mil años. Jesús vivió su vida entera como un hombre judío. Los primeros cristianos fueron en su gran mayoría judíos que reconocieron a Jesús de Nazaret como el Mesías, el Ungido, el cumplimiento de las promesas de Dios al pueblo de Israel.

Ellos fueron los primeros testigos de la resurrección y se comprometieron a formar comunidades fundamentadas en su fe en el resucitado. Los escritos que los cristianos hoy en día consideramos sagrados fueron redactados al interior de una cultura eminentemente judía.

No ha de sorprendernos que el cristianismo, aún en nuestros días, exhiba características esenciales de la tradición cultural y religiosa judía. ¡Tampoco ha de sorprendernos que en los primeros años de la era cristiana muchas personas no pudieran diferenciar a primera vista a los cristianos de los judíos, al menos a nivel cultural! Ambos grupos tenían mucho en común. Seguramente fue la religión lo que permitiría hacer distinciones más obvias, especialmente la convicción cristiana de que Jesús había resucitado y el tipo de vida que esto exigía. Sin embargo, era necesario conocer las creencias de cada grupo para entender en qué se diferenciaban. A medida que el cristianismo abrió sus horizontes geográficos y estableció sus raíces en muchas otras culturas, las distinciones serían más notables.

El judaísmo y el cristianismo no son el resultado de revelaciones privadas a unas cuantas personas, quienes a su vez disciernen y comunican lo que han recibido a otras. Tampoco son filosofías que resultan de deducciones lógicas por parte de pensadores eruditos. Ambas tradiciones son el testimonio de comunidades enteras que viven en relación íntima con el Dios único, el Dios de la Revelación, quien eligió libremente relacionarse con ellas de manera íntima.

Si Dios eligió relacionarse libre y gratuitamente con comunidades específicas ubicadas en contextos sociales e históricos específicos, dicho encuentro no pudo ocurrir fuera de la cultura (o culturas). Esto nos enseña que la Revelación de Dios a la humanidad, al menos en su dimensión pública, llega a nosotros a través de medios culturales que hacen posible que la entendamos.

La cultura juega un papel importante proveyendo lo necesario para entender...

- lo que Dios quiere comunicar a la humanidad (el mensaje),
- cómo la humanidad entiende a Dios (el misterio de Dios), y
- las maneras como vivimos en relación con Dios (el misterio del ser humano en la historia).

PALABRAS Y OBRAS

El Concilio Vaticano II en su constitución sobre la Divina Revelación (conocida también como *Dei Verbum*) nos recuerda que es parte del plan de Dios revelarse a la humanidad en la historia por medio de *palabras* y *obras*. El documento afirma:

> Este plan de la revelación se realiza con hechos y palabras intrínsecamente conexos entre sí, de forma que las obras realizadas por Dios en la historia de la salvación manifiestan y confirman la doctrina y los hechos significados por las palabras, y las palabras, por su parte, proclaman las obras y esclarecen el misterio contenido en ellas. N. 2

¡Fascinante! Dios decide darse a conocer "con palabras y con obras a su pueblo elegido como el único Dios verdadero y vivo" (n. 14). Lo mismo hace el Señor Jesús, quien "con su total presencia y manifestación personal, con palabras y obras, señales y milagros, y, sobre todo, con su muerte y resurrección gloriosa de entre los muertos; finalmente, con el envío del Espíritu de verdad, completa la revelación y confirma con el testimonio divino que vive en Dios con nosotros para librarnos de las tinieblas del pecado y de la muerte y resucitarnos a la vida eterna" (n 4).

Afirmar que la Revelación de Dios ocurre por medio de palabras y obras es muy importante. Sabemos por experiencia que las palabras nacen en contextos culturales particulares que les dan sentido y las hacen efectivas. Sin una comunidad que las interprete a la luz de una perspectiva cultural específica, las palabras no serían más que sonidos incoherentes.

Para poder entender la afirmación "Dios es amor", se necesita que haya personas que al escucharlas entiendan el significado de estas palabras en el idioma español. Si la persona que las escucha no entiende español, de nada sirve que sean palabras muy inspiradoras pues al no entenderlas es como si las recibieran oídos sordos.

Al mismo tiempo tenemos que reconocer que nuestras palabras y conceptos por lo general son bastante limitados en cuanto a su capacidad de contener la plenitud y la profundidad del misterio de Dios. Las palabras son aproximaciones; puertas que nos abren a dicho misterio.

Cuando usamos palabras para referirnos a Dios y a nuestra fe, normalmente usamos analogías o comparaciones. Por ejemplo, la expresión "Reino de Dios" se puede interpretar de distintas maneras dependiendo de la cultura en la que se use. Si uno nunca ha vivido en una sociedad gobernada por un rey o una reina, lo más seguro es que la interpretación de la expresión será bien distinta al compararla con la de alguien que de hecho sí haya vivido en tal sociedad. Las palabras nos permiten afirmar algo de Dios y su mensaje desde de los límites de nuestra propia experiencia cultural.

Hay palabras y conceptos en todo idioma y toda cultura que dicen mucho sobre cómo la gente entiende a Dios. Algunas veces esas palabras y conceptos no se pueden traducir exactamente en otros idiomas. Es por ello que aprender distintos idiomas y culturas nos ofrece una oportunidad única para ampliar nuestros horizontes de conocimiento mientras que descubrimos maneras nuevas y extraordinarias de vivir nuestra relación con Dios.

Dios actúa en la historia de muchas maneras. Entre muchas otras, Dios escoge a un pueblo, le libera, le ama y le promete a un mesías que traerá salvación. Dios se asegura de que haya una comunidad que desde su experiencia cultural, social e histórica entienda qué significa ser elegido, liberado, amado y salvo.

A la luz de la experiencia de la resurrección, Jesucristo constituye una comunidad de creyentes que se reconocen como hijos de Dios, celebran la Eucaristía, proclaman la Buena Nueva a las naciones, trabajan arduamente para construir el Reino de Dios aquí y ahora, y practican el amor misericordioso de Dios reconociendo el rostro de Cristo en el prójimo, especialmente en los más necesitados.

El Espíritu Santo de Dios guía a los discípulos del Señor hacia las muchas culturas que existen para ser levadura del Reino de Dios por medio de estas acciones, permitiendo que el Evangelio profundice sus raíces en esas culturas y llamando a todos los que viven en ellas a experimentar el don de la salvación.

UNA PEDAGOGÍA DIVINA

Las reflexiones anteriores nos ofrecen un ejemplo perfecto de una catequesis que dialoga con la cultura y afirma el valor de la particularidad cultural para comunicar el mensaje divino. ¡El Gran Catequista no es otro sino Dios!

Dios no ignora las realidades culturales particulares que son parte de la vida de mujeres y hombres en el trascurso de la historia. La Revelación llega a nosotros por medio del lenguaje que entendemos —palabras, símbolos, ideas y acciones— tanto como comunidad como individualmente.

Dios como catequista se asegura de que la humanidad pueda entender lo que le está comunicando. El mensaje tiene que ser comprendido para que no se pierda.

La pedagogía de Dios es indiscutiblemente personal e íntima. Dios revela su plan para la humanidad, su deseo de que todos participemos de su amor divino, ahora y en la eternidad. Pero lo más importante es que Dios nos revela la intimidad de su ser. Dios se revela como aquel que creó todo cuanto existe; el que libera, elige y protege; el que ama con amor misericordioso; el que acompaña en todo momento; el que trata a mujeres y hombres como sus hijos; aquel que decide hacerse uno de nosotros para redimirnos y salvarnos. Dios es quien va tras la oveja perdida; aquel que sufre cuando nosotros sufrimos.

Cuando Dios catequiza, se involucra en la complejidad de nuestras vidas y de nuestra historia, aceptando las consecuencias de lo que eso significa, aunque lo hace con un sentido único de gozo divino porque nos ama.

El misterio y los designios de Dios son demasiado grandiosos para que la mente y el corazón del ser humano los entienda en su totalidad. Dios sabe esto. Por eso, el proceso pedagógico por medio del cual Dios se hace presente a la humanidad es gradual: un paso a la vez, con paciencia. Hay momentos en que no los entendemos y hay que hacer correcciones. Algunas culturas pueden necesitar más tiempo que otras para discernir el mensaje de la Revelación. Dios camina con nosotros. Tenemos que confiar en el Espíritu Santo de Dios.

Lo que aprendemos de Dios tiene implicaciones radicales para nuestras vidas, sin importar la cultura en la que vivamos. En el proyecto pedagógico de Dios, no sólo aprendemos sobre el plan de salvación, sino que también entramos en una relación personal con el Dios de la Revelación. Al participar en la catequesis de Dios, por medio de la cual somos introducidos al misterio de Jesucristo, encontramos la salvación. La pedagogía divina es esencialmente una pedagogía de salvación.

Un aspecto fascinante de esta pedagogía divina es que mientras más aprendemos de Dios, más aprendemos de nosotros mimos como seres humanos. En el encuentro con Dios en lo cotidiano, el cual ocurre en medio de realidades culturales específicas, la humanidad descubre su propósito y el camino hacia su realización en medio de sus propias esperanzas y ansiedades.

Dios no rechaza o ignora nuestras raíces culturales cuando entra en relación con nosotros. Lo que aprendemos de Dios en el aquí y el ahora de la historia, lo aprendemos como personas que vivimos en contextos claramente definidos por realidades culturales que nos dan las herramientas y nos ofrecen los espacios para discernir ese mensaje, al igual que nuestra respuesta.

Como católicos en los Estados Unidos, mientras más aprendemos de Dios, más aprendemos de nosotros como seres humanos y de nuestras expresiones culturales en cuanto que coexisten unas con otras en un contexto compartido. Dicha diversidad cultural es lo que hace que el catolicismo estadounidense sea una experiencia verdaderamente enriquecedora. ¡La variedad de expresiones musicales que acompañan nuestras liturgias cada domingo es realmente fascinante! El diseño arquitectónico de las muchas iglesias católicas en el país es maravilloso: ¿Cómo no contemplar maravillados las iglesias sencillas, aunque siempre acogedoras, que construyeron los misioneros españoles en el Oeste del país? ¿O qué tal aquellos hermosos templos que construyeron los inmigrantes alemanes en el Medio Oeste del país? El diálogo entre el cristianismo con las tradiciones indígenas norteamericanas o con las tradiciones filosóficas que traen inmigrantes asiáticos, abren un horizonte **único** de posibilidades que puede enriquecer la espiritualidad católica.

Dios entra en relación con un pueblo enraizado en tradiciones culturales específicas. El mensaje es recibido y acogido a la luz de esas tradiciones. A partir de ese conocimiento es que discernimos cómo vivir mejor nuestra experiencia diaria en medio de la diversidad. La diversidad cultural nos abre a un mundo de posibilidades para entrar en relación con Dios, los demás y el mundo desde nuestras particularidades.

La meta última del proyecto pedagógico de Dios es dar vida a cada aspecto de nuestra existencia como seres humanos redimidos en Jesucristo: "yo he venido para que las ovejas tengan Vida, y la tengan en abundancia" (Juan 10:10). Esto implica transformar las culturas en las que vivimos a medida que permitimos que el mensaje del Evangelio extienda sus raíces para que el Reino de Dios se haga realidad en todas partes —y en el corazón de cada persona. La pedagogía de Dios es profética. Nos muestra el camino y afirma los signos de vida que están presentes en cada cultura. Al mismo tiempo desenmascara, confronta y rechaza aquellos aspectos y signos de muerte, pecado e injusticia que puedan estar presentes en ellas.

AL EJEMPLO DEL GRAN CATEQUISTA

Hay mucho que aprender de la manera como Dios, el Gran Catequista, se relaciona con las culturas por medio de lo que hemos identificado como una pedagogía divina. He aquí algunas ideas que podemos tener en cuenta en nuestras iniciativas catequéticas en contextos culturalmente diversos:

1. Reconoce y afirma el hecho que toda persona ve la realidad desde una perspectiva cultural específica, la cual informa su manera de entender su existencia y la manera de relacionarse con Dios, los demás y con el mundo.

2. Cuando compartas la fe, usa lenguaje que la gente entienda —palabras, símbolos, ideas, acciones.

3. La catequesis es una experiencia personal e íntima. Involúcrate en la vida de las personas. Aprende sus tradiciones culturales. Determina cómo estas tradiciones pueden ayudarte a compartir la fe y formar comunidades de fe activas. ¡Comparte tus propias tradiciones culturales!

4. Al relacionarte con distintos grupos culturales, tómate el tiempo necesario. La catequesis es un itinerario, no un proceso automático que busca obtener resultados inmediatos. Camina con la gente.

5. La catequesis es mucho más que comunicar información o completar un programa. Es una experiencia en la cual tenemos el privilegio de participar en el itinerario de salvación de otras personas.

6. Las personas adquieren conocimiento usualmente según las prácticas y tradiciones culturales que aprendieron desde niños. Esas mismas prácticas y tradiciones hoy en día influyen seguramente la manera como ellas viven su fe.

7. Invita a personas de todas las edades a participar en experiencias catequéticas que afirmen los aspectos de sus propias culturas que dan vida y que permiten que el Reino de Dios se haga realidad. Al mismo tiempo, cultiva su voz profética para desenmascarar, confrontar y rechazar aquellos aspectos de sus culturas que conducen a la muerte, el pecado y la injusticia.

- ¿Qué aprendiste sobre la pedagogía de Dios? ¿Cómo puedes poner esto en práctica como catequista en un contexto culturalmente diverso?

- Piensa en una palabra o concepto que es único en tu cultura o idioma que resalte un aspecto importante de la tradición cristiana católica. Describe este término y explica por qué te llama la atención.

- ¿Has aprendido o estudiado otro idioma aparte de tu lengua materna?

    Si la respuesta es sí, describe de qué manera esto ha ampliado tu horizonte y abierto nuevas posibilidades sobre la vida y sobre la fe.

    Si la respuesta es no, busca a alguien que lo haya hecho y pregúntale cómo esta experiencia ha ampliado su horizonte y abierto nuevas posibilidades sobre la vida y sobre la fe.

PARTE 2

Cómo

5

Competencias interculturales para catequistas

Veamos ahora algunas de las implicaciones prácticas de lo que hemos explorado en los capítulos anteriores. Hablemos en primer lugar de competencias.

¿Te subirías a un avión si supieras que la persona que lo va a guiar jamás ha piloteado uno? O quizás, ¿dejarías que un doctor te operara su supieras que no está preparado para realizar el procedimiento que necesitas? Lo más seguro es que tu respuesta será: ¡por supuesto que no! ¡Mi vida es muy importante! ¡No vale la pena arriesgarse de esa manera!

Los dos casos son un tanto extremos, y lo más seguro es que seguramente ninguno de nosotros nos veremos en una de esas situaciones. Sin embargo, el mensaje es claro: ser competente o tener conocimiento especializado es muy importante.

En casi toda dimensión de nuestra experiencia diaria se espera que las personas actúen de manera competente. Lo mínimo que podemos esperar de una maestra es que sepa cómo enseñar, de un bombero que sepa cómo apagar incendios, de un conductor que sepa cómo guiar un auto, de un cocinero que sepa cómo cocinar, de una persona que predica que sepa dar un buen sermón, etc.

Con frecuencia buscamos la manera de adquirir cierto nivel de competencia en lo que hacemos, ya sea por medio de procesos de educación formal (ej., títulos, certificaciones, licencias), formación profesional y autorización oficial para operar según ciertos estándares básicos. También hay instancias en que se adquieren competencias empíricamente, a veces respondiendo a una necesidad en un ambiente específico o aprendiendo un oficio de la mano de un tutor. Lo importante aquí es que queremos personas que sean competentes en lo que hacen.

Ser competente nos permite formar comunidad y construir el bien común. Ser competentes nos ayuda a dirigirnos hacia nuestra realización, tanto como personas como miembros de las distintas comunidades a las que pertenecemos. La incompetencia, por otro lado, puede tener efectos bastante negativos en las vidas de las personas. ¡Basta sólo con leer o escuchar las noticias a diario para confirmar esta realidad!

¿ES POSIBLE HABLAR DE CULTIVAR COMPETENCIAS CATEQUÉTICAS?

Puede parecer un tanto extraño que tengamos que dedicar parte de nuestro tiempo al tema de competencias formales o profesionales leyendo un libro sobre catequesis. ¿Acaso no son la gran mayoría de catequistas en las comunidades católicas en los Estados Unidos voluntarios? Sólo un grupo pequeño de líderes catequéticos son contratados como directores o coordinadores profesionales de educación religiosa. ¿No debería reservarse la conversación sobre competencias a estas personas, especialmente las que son contratadas?

Bueno, la respuesta es sí y no.

Sí: las diócesis, parroquias y escuelas normalmente tienen estándares para contratar y evaluar las competencias de quienes sirven como educadores, directores y coordinadores de educación religiosa a nivel profesional. Teniendo en cuenta la importancia de este ministerio en la vida de la iglesia, es importante que la idoneidad de los líderes de la catequesis en estas posiciones sea la mejor.

No: todas las personas involucradas en procesos de compartir la fe como parte de la catequesis —incluyendo a los padres de familia y otros familiares en el hogar— necesitamos tener un nivel básico de competencias. El *Directorio General para la Catequesis* (1997) nos ofrece unas recomendaciones muy importantes en este sentido:

> Ningún método, por experimentado que sea, exime al catequista del trabajo personal en ninguna de las fases del proceso de la catequesis. El **carisma** recibido del Espíritu, una sólida espiritualidad, y **un testimonio transparente de vida cristiana** en el catequista constituyen el alma de todo método; y sus **cualidades humanas y cristianas** son indispensables para garantizar el uso correcto de los textos y de otros instrumentos de trabajo. El catequista es intrínsecamente **un mediador** que **facilita la comunicación** entre las personas y el misterio de Dios, así como la de los hombres entre sí y con la comunidad. Por ello ha de esforzarse para **que su formación cultural, su condición social y su estilo de vida no sean obstáculo al camino de la fe**, aún más, ha de ser capaz de crear condiciones favorables para que el mensaje cristiano sea buscado, acogido y profundizado. El catequista no debe olvidar que la adhesión de fe de los catequizandos es fruto de la gracia y de la libertad,

> y por eso procura que su actividad catequética esté siempre sostenida por la **fe en el Espíritu Santo** y por la **oración**. Finalmente, tiene una importancia esencial **la relación personal del catequista con el catecúmeno y el catequizando**. Esa relación se nutre de ardor educativo, de aguda creatividad, de adaptación, así como de respeto máximo a la libertad y a la maduración de las personas. Gracias a una labor de sabio acompañamiento, el catequista realiza un servicio de los más valiosos a la catequesis: ayudar a los catequizandos a discernir la vocación a la que Dios los llama. ***Directorio General para la Catequesis*, n. 156.**
> *Énfasis en negrilla añadido*

Como podemos ver, existen unas expectativas mínimas para quienes aceptamos el llamado a catequizar. Pudiéramos hablar de ellas como competencias que desearíamos que todo catequista tuviera:

1. Conciencia de que ser catequista es un don (*carisma*) del Espíritu Santo

2. Una espiritualidad y una vida de oración sólidas

3. Un testimonio transparente de vida cristiana

4. Capacidad de facilitar la comunicación

5. Conciencia de fortalezas y limitaciones personales

6. Confianza humilde en el Espíritu Santo

7. Relación personal con la persona catequizada

Si piensas que estás un poco lejos de encarnar estas expectativas, no te preocupes. ¡No estás sólo(a)! Llegar a ser un buen catequista toma tiempo, compromiso y paciencia. Sin embargo, tenemos que comenzar en algún momento.

Nadie adquiere competencias de un día para otro. Aprendemos haciendo las cosas poco a poco y preparándonos para lo que queremos hacer. ¡El hecho de que estás estudiando este libro ya es un gran paso en el proceso de ser un(a) catequista más competente! Mejoramos cada día. Aprendemos lecciones de nuestros errores. Crecemos en cuanto observamos a otros catequistas con más experiencia hacer un trabajo excelente en su ministerio.

COMPETENCIAS Y DIVERSIDAD CULTURAL

Un sinnúmero de catequistas en los Estados Unidos compartimos la fe a través de iniciativas y programas catequéticos en comunidades culturalmente diversas. Muchos más están discerniendo la invitación a servir en tal capacidad. Con frecuencia esto implica catequizar a católicos de todas las edades que hablan un idioma distinto al inglés en sus casas, o que crecieron en otro país, o simplemente que interpretan la realidad usando historias y símbolos nacidos en contextos socioculturales distintos al nuestro.

En medio de esta diversidad, los catequistas y evangelizadores usualmente nos preguntamos: ¿estoy preparado(a) para llevar a cabo esta tarea? ¿Puedo ser un(a) catequista efectivo(a) compartiendo mi fe en un ambiente culturalmente diverso? ¿Tengo las competencias necesarias para acompañar en sus itinerarios de fe a personas que ven la vida con perspectivas culturales, lingüísticas, raciales y étnicas diversas?

Éstas son preguntas muy importantes. De hecho, son preguntas fundamentales porque es mucho lo que está en juego.

Podemos comenzar a responderlas reconociendo las muchas competencias que ya tenemos con el simple hecho de hacerle frente a la vida diaria. Sí, hemos cultivado un número increíble de competencias en la medida que trabajamos, estudiamos, amamos, obtenemos logros, cometemos errores, nos relacionamos con otras personas, formamos familias, negociamos identidades, participamos en procesos políticos y practicamos nuestra fe. La mayor parte del tiempo no le ponemos atención a estas competencias. Sin embargo, si hiciéramos una lista de lo que somos capaces de hacer bien, la lista sería bastante larga y muy satisfactoria. Además, te sorprenderías de todas las cosas en que eres experto(a), especialmente cuando se trata de responder a asuntos relacionados con diversidad.

Muchas de estas competencias se pueden transferir normalmente de un contexto a otro. Si estás criando a un niño o una niña, o si lo has hecho en algún momento de tu vida, seguramente te las puedes arreglar para interactuar con un grupo de niños o jóvenes en un programa catequético. Si has dedicado un tiempo a leer materiales para una presentación en el trabajo o en la escuela, seguramente podrás tomar una guía catequética y preparar una buena sesión. Si has celebrado tu fe en una comunidad específica, seguramente no tendrás problema haciendo lo mismo en una comunidad distinta, aún si esta comunidad no habla tu primer idioma o es culturalmente distinta a la tuya. Las personas que viajan con frecuencia saben esto.

¡Pero también hay competencias que necesitamos aprender a pesar de que hayamos vivido muchos años, tengamos varias credenciales académicas, pensemos que lo hemos visto y escuchado todo, y poseamos una autoestima del 100%!

Ser un cirujano experto en asuntos cardiacos no significa que también esta persona pueda operar el cerebro cuando quiera.

Haber leído todas las historias de Sherlock Holmes no nos convierte en detectives profesionales. Haber nacido y vivido en América Latina o en un país de habla hispana no significa que entendemos todo lo que hay que saber sobre cómo servir en el ministerio hispano en los Estados Unidos.

La catequesis en contextos culturalmente diversos tiene un nivel propio de complejidad que no podemos minimizar o ignorar. Si lo hacemos, seguramente no seremos los mejores instrumentos de Dios para compartir la fe con muchas personas. Veamos dos situaciones que son comunes en comunidades de fe católicas.

CASO 1: ¿EVANGELIZACIÓN O ASIMILACIÓN?

Hay algunos agentes pastorales y catequéticos que están considerablemente preocupados por integrar a los inmigrantes católicos en la cultura estadounidense y asumen que implementando iniciativas catequéticas u ofreciendo servicios sólo en inglés van a acelerar el proceso. Es posible que algunos inmigrantes estén listos y preparados para hacer una transición rápida, pero para la mayoría la expectativa de una asimilación cultural acelerada es una carga.

Imponer mecanismos de asimilación como éste es ignorar el hecho de que integrarse a una cultura nueva toma toda una vida. También es ignorar que la mayoría de inmigrantes ya dominan el idioma común (en el caso de los Estados Unidos, el inglés) de una manera u otra a medida que se abren camino en nuestra sociedad. Sin embargo, para asuntos de formación de sus hijos en la fe y en los valores, millones prefieren su lengua materna. No perdamos de vista que rechazar el idioma que muchos inmigrantes y sus hijos usan para interpretar la realidad diaria, incluyendo la práctica de su fe, por lo general se percibe como un rechazo de su cultura y sus tradiciones.

Los resultados de una asimilación forzada pueden ser

devastadores. Muchos católicos, especialmente adultos, deciden no regresar a comunidades que nos les acogen con sinceridad porque perciben que para los líderes pastorales allí la asimilación cultural es más importante que la evangelización. Pero ellos no se van solos. De paso se llevan a sus hijos o simplemente no les motivan a involucrarse en la vida de sus comunidades de fe. Ignorar la importancia del idioma y la cultura de las personas en nuestros procesos catequéticos también puede afectar cómo las familias interactúan en el hogar, pues al hacer caso omiso a esas particularidades se limitan las oportunidades para que las generaciones inmigrantes se comuniquen mejor con las generaciones más jóvenes, usualmente nacidas en el país.

CASO 2: ¿HARINA DEL MISMO COSTAL?

A medida que las parroquias católicas se hacen más y más diversas en términos de cultura, raza, etnicidad e idioma, algunas comunidades locales toman decisiones demasiado aceleradas agrupando creyentes del mismo color de piel o usando categorías de organización demográfica impuestas sobre ciertas personas. Muchos inmigrantes de África y el Caribe son agrupados en parroquias que sirven a católicos afroamericanos. Tal organización tiende a ignorar la particularidad cultural y social de cada uno de estos grupos. Al mismo tiempo, ignora el caminar histórico de cada comunidad.

Algo similar ocurre cuando los latinos en los Estados Unidos son tratados como un grupo homogéneo. En ciertos contextos eclesiales —incluyendo oficinas de educación religiosa en diócesis y parroquias— se asume que todos los hispanos nos entendemos y tenemos las mismas necesidades. Esta actitud ignora las diferencias lingüísticas como en el caso de los millones de hispanos nacidos en los Estados Unidos que no hablan español o los miles y miles de inmigrantes de América

Latina cuyo primer idioma no es ni el español ni el inglés sino el quiché (hablado por indígenas guatemaltecos), tzotzil (un dialecto Maya que se habla en Chiapas, México), o quechua (hablado por varios grupos indígenas en Suramérica). Tratar a los hispanos como un grupo homogéneo también ignora las tensiones entre las comunidades con raíces latinas al igual que la variedad de maneras de practicar la fe católica como latinos en los Estados Unidos.

Debido a que la mayor parte de esfuerzos pastorales bajo el nombre de "ministerio hispano" se dirige primordialmente hacia los inmigrantes, los hispanos nacidos en los Estados Unidos (¡aproximadamente dos terceras partes de toda la población hispana!) con frecuencia queda perdida en limbos pastorales. Es común que muchos agentes pastorales asuman que estos católicos hispanos han de vivir su fe ya sea como inmigrantes o personas asimiladas a las expresiones predominantes de la experiencia católica estadounidense. La evidencia pastoral nos indica que ninguna de estas dos presuposiciones es completamente correcta.

Una catequesis que no reconoce la gran diversidad de experiencias y realidades que son parte de la vida de los católicos hispanos y la de otros grupos raciales y étnicos en el país, incluyendo a los católicos blancos, euroamericanos, es una catequesis que puede terminar siendo irrelevante.

COMPETENCIAS INTERCULTURALES

Un sinnúmero de líderes pastorales y catequéticos en los Estados Unidos hemos estado reflexionando sobre estas dinámicas por varias décadas. Por supuesto, no es la primera vez que nos encontramos con la realidad de la diversidad cultural. En el pasado los católicos respondieron de distintas maneras según las convicciones y posibilidades de su momento. Aunque es mucho lo que podemos aprender de las respuestas que los católicos estadounidenses dieron a la diversidad cultural hace un siglo, hoy vivimos en un momento histórico nuevo, bajo circunstancias diferentes y con expectativas distintas con relación a las varias familias culturales que forman la iglesia en los Estados Unidos.

En el año 2011, la Conferencia de Obispos Católicos de los Estados Unidos (USCCB, por sus siglas en inglés) lanzó una iniciativa llamada *Desarrollando la capacidad intercultural de los ministros.* La meta principal de esta iniciativa es darles a los católicos en los Estados Unidos las herramientas necesarias para evangelizar en una iglesia culturalmente diversa con las debidas competencias interculturales, familiarizarse con el potencial y el valor de la diversidad cultural, y fomentar relaciones interculturales que conduzcan a la formación de comunidades de fe con mucha energía.

Todo líder catequético, catequista y agente pastoral en nuestro país idealmente debería capacitarse para adquirir estas competencias interculturales.

Los obispos católicos estadounidenses definen una competencia intercultural como "la habilidad de comunicarse, relacionarse y trabajar en los diferentes ambientes culturales. [Esta habilidad] requiere el desarrollo en tres áreas: conocimiento, habilidades y actitudes".

Digamos algunas palabras sobre cada una de estas áreas desde la perspectiva de la catequesis:

EL CONOCIMIENTO EXIGE QUE...

Reconozcamos que hay más de una perspectiva para entender la realidad. No podemos olvidar que no existe una medida universal para todo lo que hacemos. La presencia de varios grupos culturales en nuestras comunidades de fe nos ofrece la oportunidad de escuchar historias interesantes al igual que de aprender símbolos y maneras de celebrar que les dan vida a las personas en distintas partes del mundo o en la propia región en que vivimos. Estas historias, símbolos y ritos sirven como punto de partida para la catequesis. Ellas ilustran cómo la tradición se hace vida en distintas comunidades. Estas historias, símbolos y ritos nos muestran de manera clara cómo las personas practican su fe.

Reconozcamos que es posible interpretar la misma realidad cultural de distintas maneras. Los catequistas debemos estar atentos a la manera cómo los distintos grupos culturales hacen las cosas y cómo le dan sentido a la realidad. Un buen ejemplo es permanecer atentos a cómo las personas forman familias y cómo comparten la fe en ellas. En muchas culturas de carácter comunitario, la transmisión de la fe no sólo es responsabilidad de los padres de familia, sino también de los abuelos y otros familiares, e incluso de los vecinos. Las distintas interpretaciones de la realidad usualmente influyen en la manera en que las personas aprenden y comparten sus tradiciones religiosas.

Estemos familiarizados con las dinámicas generales de comunicación intercultural. La catequesis es ante todo una experiencia de encuentro entre Dios y la comunidad de creyentes. En este encuentro, Dios, por medio del Espíritu Santo, se asegura de que la comunidad entienda el lenguaje de la Revelación y busca varias maneras de comunicarse con nosotros. No nos debe extrañar que el Evangelio siga encarnándose en prácticamente todas las culturas. La catequesis también es un encuentro entre personas que siguen muchos itinerarios culturales y lingüísticos. Cuando estas personas se encuentran en una comunidad de fe, los catequistas tenemos que hacer todo lo posible para comunicarnos con ellas a la luz de sus perspectivas culturales. Necesitamos aprender cómo habla la gente, lo que sus palabras y gestos quieren decir, y la manera como prefieren aprender. La comunicación intercultural exige que como catequistas seamos expertos tanto en el contenido de lo que enseñamos como en la manera de enseñar.

Aprendamos un idioma aparte de nuestra lengua materna. En miles de parroquias en los Estados Unidos el catolicismo es una experiencia bilingüe y bicultural. Aprender un segundo idioma no sólo es una aventura extraordinaria que nos permite explorar nuevos mundos culturales, sino que también es una manera de afirmar las muchas maneras en que la comunicación como acción sagrada ocurre en medio de nosotros. Un catequista bilingüe es un puente y un mediador entre comunidades. Ser bilingües nos abre las puertas como catequistas al diálogo con familias enteras y nos acerca a las maneras como ellas celebran la misma fe católica que profesamos.

NECESITAMOS CULTIVAR LA HABILIDAD DE ...

Expresar empatía. Sabemos que quienes somos parte de la catequesis, tanto catequistas como catequizandos, traemos con nosotros distintas experiencias. Traemos nuestras esperanzas y ansiedades, nuestras dificultades y nuestros logros, nuestras historias y nuestras dudas. Estas realidades por lo general están influenciadas por las perspectivas culturales y las circunstancias que definen nuestras vidas. La responsabilidad número uno del catequista es, por supuesto, compartir la Buena Nueva de Jesucristo, con palabras y acciones. Pero hacemos esto acompañando a los demás generosamente y escuchando con atención amorosa. Es posible que no entendamos de lleno la complejidad de la vida de las personas o que nos asombremos ante ciertas situaciones. Aun así, nos corresponde como parte de la experiencia catequética permanecer presentes y servir como instrumentos de la presencia de Dios.

Tolerar la ambigüedad. Catequizar en un contexto culturalmente diverso seguramente nos pondrá en situaciones en las cuales hay desacuerdos en cuanto a opiniones y perspectivas. Aunque la ambigüedad a veces nos incomoda, no podemos negar que es parte de la vida diaria. Los catequistas necesitamos aprender a negociar situaciones ambiguas que pueden generarse cuando distintos grupos culturales se encuentran: ¿qué aspectos de la tradición enfatizamos en un determinado momento? ¿Qué idiomas hemos de usar para compartir y celebrar la fe? ¿Qué papel hemos de darle a las particularidades culturales al diseñar materiales catequéticos? El tomar posiciones radicales que imponen una perspectiva u otra quizás no es la mejor manera de acercarse a estas preguntas. Muchas veces la mejor manera de formar comunidad es asumiendo una actitud conciliadora.

Adaptar nuestra comunicación y maneras de comportarnos. En el contexto de la diversidad cultural, es posible que notemos con más atención las particularidades y diferencias de los grupos que identificamos como "diversos" o distintos a nosotros. Notamos patrones lingüísticos, maneras de actuar, prácticas y rituales que predominan, maneras de relacionarse, etc. Pero dicha atención no se dirige sólo hacia los demás. Cuando nos damos cuenta de las diferencias que caracterizan a otras personas, usualmente lo hacemos comparándonos con ellos. Por consiguiente, nos damos cuenta también de nuestras propias diferencias. Ésta es una gran oportunidad para que los catequistas seamos más conscientes de cómo actuamos para así ajustar conductas y actitudes según sea necesario con el propósito de relacionarnos mejor con católicos de tradiciones culturales distintas. Al ajustar nuestra comunicación y nuestra conducta, también nos hacemos más conscientes de nuestros prejuicios.

SE NOS INVITA A CULTIVAR ACTITUDES TALES COMO...

Abrirnos a otras personas y a otras culturas. Teniendo en cuenta que la diversidad cultural es una característica importante que define al catolicismo en los Estados Unidos, sería poco práctico e incluso irresponsable ignorar a aquellas personas que no son necesariamente como nosotros en cuanto a su cultura, idioma, raza o etnicidad. Ya sea que el grupo predominante en una comunidad particular sea hispano o euroamericano o afroamericano, los catequistas necesitamos cultivar una actitud de apertura hacia todos los miembros de la iglesia en esta esquina del mundo en que vivimos, sin excepción. La invitación a abrirnos a otras personas y a otras culturas es en sí misma un llamado a contemplar el misterio de Dios que se hace presente en muchas culturas.

Querer conocer otras culturas e interactuar con ellas. La apertura es tan sólo el primer paso. Una vez que los catequistas abrimos nuestras mentes y corazones a la riqueza que nos ofrece la diversidad cultural y a la manera como experimentamos a Dios en dicho contexto, el siguiente paso es querer conocer más. Las culturas son realidades dentro de las cuales le damos sentido a la vida y siempre nos revelan algo nuevo y fascinante sobre la experiencia humana. El saber que un grupo de católicos viene de África, o de Asia, o de Australia, o de Europa, o de América Latina debería motivarnos como catequistas a querer aprender más sobre su historia y sus tradiciones culturales.

¡Por supuesto, no hay que ser un antropólogo para ser catequista! De todos modos, déjate guiar por la curiosidad; aprende y entra en contacto con otras culturas para apreciar nuestra fe católica de una mejor manera. No olvidemos que la palabra "católico" en esencia significa universalidad.

Entender que la interacción intercultural es una manera de vivir, no un problema que necesita solución. La diversidad cultural es nuestra experiencia común: somos católicos de distintas culturas, que hablamos distintos idiomas, que cultivamos una gran variedad de tradiciones y tenemos maneras únicas de interpretar la vida. Como católicos nos encontramos en nuestras parroquias, grupos y escuelas en los Estados Unidos con el propósito de que el Reino de Dios se haga presente aquí y ahora.

No hay duda alguna que esta diversidad de perspectivas y experiencias nos desafía en la manera como catequizamos y organizamos iniciativas catequéticas. La diversidad cultural con frecuencia nos saca de la comodidad de lo que ya conocemos y exige lo mejor de nuestra creatividad. Más que un problema que busca solución, la diversidad cultural es una manera de vivir, una manera de ser iglesia aquí y ahora. La diversidad cultural es una oportunidad para que los catequistas compartamos la Buena Nueva de muchas maneras posibles, para que estemos atentos a ciertas realidades culturales y asuntos raciales que a veces se nos escapan, y para que construyamos comunidades que verdaderamente hagan tangible y real la catolicidad de la iglesia.

Poner atención. Compartir la Buena Nueva en una iglesia culturalmente diversa es una invitación a poner atención. Sí, poner atención a la manera como valoramos las realidades culturales que dan sentido a las personas en su diario vivir; poner atención a los obstáculos y prejuicios que nos impiden ser una iglesia auténticamente acogedora; poner atención a las muchas maneras en las que experimentamos a Dios entre nosotros.

Preguntas para el diálogo y la reflexión

- Menciona un par de experiencias o situaciones en tu vida que tú crees te prepararon para ser un(a) buen(a) catequista.

- ¿Cuál dirías que es tu más grande limitación para servir como catequista en un contexto culturalmente diverso? Menciona las competencias que crees que te ayudarían a superar esa limitación.

- ¿Qué habilidades has cultivado para acercarte a la diversidad cultural con una actitud positiva?

- Comparte una historia breve sobre un encuentro con una persona o un grupo considerado culturalmente diferente y cómo en dicho encuentro aprendiste algo importante *sobre ti mismo(a)* (2 o 3 minutos).

- ¿Qué puede hacer tu parroquia/escuela/grupo para ayudarte a fortalecer tus competencias interculturales? ¿Con quién crees que debes hablar sobre este tema en tu comunidad?

6

Qué hacer y qué no hacer

Pocas cosas causan más alegría en el corazón de un catequista que la oportunidad de compartir la fe con pasión y convicción. Compartir la fe como catequistas es participar en el itinerario personal de quien busca un encuentro con Dios, con los demás y con el mundo. En última instancia, catequizar es una oportunidad para acompañar a otros creyentes en su camino hacia la realización y hacia la santidad. Hay algo sagrado en la catequesis que nos motiva a dar lo mejor de nosotros al llevarla a cabo.

Es posible que algunos catequistas piensen que compartir la fe en un contexto culturalmente diverso quizás se puede comparar con el caminar en un campo minado: si se dice algo errado o si se hace algo que otros perciben que no está bien, entonces una mina "explotará" y todo se acaba. Muchos catequistas se sienten poco preparados para enseñar la fe a católicos de otras culturas y a aquellos que hablan otros idiomas. Por consiguiente, prefieren dejar que este ministerio lo realicen personas con más experiencia, preferiblemente de las mismas comunidades que están siendo catequizadas. Me he encontrado también con catequistas que prefieren no enseñar a niños o jóvenes o adultos de un grupo racial o étnico distinto al suyo para así evitar malentendidos. Algunos catequistas con muy buenas intenciones dicen ser "culturalmente neutrales" al enseñar la fe, y dicen concentrarse sólo en el contenido catequético.

Todos estos escenarios son posibles y, de hecho, bastante comunes en comunidades de fe culturalmente diversas. Sin embargo, es importante que diferenciemos entre el deseo de hacer las cosas bien y la preocupación excesiva por una perfección que quizás nunca lograremos, pues esta última puede paralizar por completo el proceso catequético:

- El proceso de compartir la fe presupone que los catequistas tarde o temprano adquiriremos las competencias necesarias que nos ayudarán a responder a los desafíos de la diversidad cultural y lingüística. Sin embargo, este proceso no es en sí mismo un campo minado. Es normal tener traspiés, reconocer que no entendemos el significado de un símbolo o de una tradición cultural, e incluso pronunciar erróneamente palabras en un idioma que no es el nuestro.

- Aunque siempre es bueno tener catequistas que puedan servir efectivamente en medio de las diferencias culturales y lingüísticas de sus comunidades, y que tengan la capacidad de trabajar con personas de los grupos culturales a los que sirven, como catequistas debemos permanecer abiertos a compartir la Buena Nueva con toda persona con la que nos encontremos. Catequizar es dar testimonio de lo que hemos vivido. El lenguaje más efectivo para compartir nuestra fe es el del amor, la bondad y el acompañamiento. Jesús, modelo por excelencia de catequista, nos enseñó a hacer esto.

- Abstenerse de catequizar a personas de una cultura distinta a la nuestra o a aquellas que hablan un idioma distinto al que hablamos por temor a cometer errores nos puede robar la oportunidad de aprender de la riqueza de sus experiencias de fe. Siempre y cuando permanezcamos abiertos a ser corregidos y a reconocer con respeto que hay distintas maneras de vivir nuestra relación con Dios, un error no es otra cosa sino la oportunidad de crecer en el amor hacia nuestros hermanos y hermanas.

- Estrictamente, hablar de "neutralidad" en asuntos de cultura es una ilusión. Todos partimos de un marco de referencia cultural específico. Todos usamos palabras, conceptos y símbolos que aprendimos dentro de un contexto cultural particular. Si soy hispano o caribeño de habla hispana, veo el mundo y practico mi fe desde esa perspectiva, y debo sentirme orgulloso de hacerlo. Asumir que una persona puede suspender sus convicciones culturales mientras comparte su fe es equivalente a reducir la catequesis a un proceso frío e impersonal de comunicar información. ¡La catequesis es mucho más que eso! La catequesis es un ejercicio personal y cálido por medio del cual compartimos la fe, damos testimonio de lo que Dios ha hecho en nuestras vidas y de hacerle eco a la belleza de la tradición cristiana que le ha dado vida y esperanza a un sinnúmero de personas en el trascurso de la historia.

Como catequistas tenemos que asegurarnos de no convertir el tema de la cultura en un tabú cuando compartimos la fe en contextos culturalmente diversos. Las siguientes recomendaciones prácticas sobre *qué hacer* y *qué no hacer* nos ayudarán a prepararnos mejor para responder mejor a asuntos de diversidad cultural en nuestras comunidades de fe.

Cinco recomendaciones sobre qué hacer

1. RESPETA LAS EXPRESIONES CULTURALES QUE LAS PERSONAS USAN PARA PRACTICAR SU FE.

Los católicos en los Estados Unidos practicamos y celebramos nuestra fe de muchas maneras, las cuales están influenciadas por una gran variedad de tradiciones culturales que han surgido en medio de nuestras propias comunidades o que millones de inmigrantes han traído.

Algunas expresiones culturales pueden contrastar con las sensibilidades estéticas a las que estamos acostumbrados. Por ejemplo, muchos católicos hispanos y asiáticos usamos imágenes de Jesús que con frecuencia son explícitas al evocar su *sufrimiento* en la cruz. Es posible que haya católicos de otras tradiciones culturales que se sientan incómodos con dichas imágenes. Algunos católicos prefieren usar el órgano como instrumento principal para la música litúrgica. Otros prefieren usar guitarras e instrumentos de percusión. Algunos católicos asumen una actitud bastante reverencial al llegar a la iglesia; otros son más expresivos tanto verbal como emocionalmente.

Cada expresión cultural que los católicos usamos para articular nuestra fe refleja que vivimos en relación con nuestras familias, con nuestras comunidades o con el mundo. Nuestro papel como catequistas no consiste en determinar cuál de estas expresiones es "mejor" o "más aceptable". Todas estas expresiones son puntos de partida para entrar más de lleno en el misterio de Dios. Por supuesto, si una expresión cultural nos aleja de Dios o está en contra de la dignidad humana, entonces los catequistas tenemos la responsabilidad de discernir con la comunidad y ofrecer alternativas.

2. APRENDE QUÉ ES LO QUE CADA GRUPO CULTURAL CONSIDERA IMPORTANTE AL DEFINIR SU PROPIA IDENTIDAD.

Hay algo sagrado en la manera como cada grupo en nuestra

sociedad define su identidad. Aunque vivimos en el contexto amplio de la sociedad estadounidense, con frecuencia los católicos hispanos afirmamos ciertas características culturales que nos hacen únicos. Lo mismo hacen los católicos indígenas estadounidenses, lo católicos euroamericanos y muchos otros.

Algunos católicos en los Estados Unidos resaltan su historia de luchas y sufrimientos en el momento de determinar las características de su identidad. Es imposible ignorar, por ejemplo, que muchos de nuestros hermanos afroamericanos tienen antepasados que no hace mucho tiempo fueron esclavizados. Otros católicos resaltan los grandes logros de sus padres y abuelos al establecerse en esta nación. Otros no dudan en destacar sus historias y experiencias migratorias puesto que alguien muy cercano o ellos mismos son inmigrantes.

Como catequistas necesitamos tomar el tiempo necesario para aprender sobre los itinerarios de las comunidades que servimos. Cada historia es una oportunidad de contemplar cómo Dios se hace presente en nuestra historia común.

3. ESCUCHA LAS HISTORIAS QUE EVOCAN SUEÑOS, ESPERANZAS, PREOCUPACIONES Y LA MANERA COMO DISTINTAS CULTURAS INTERPRETAN LA REALIDAD.

Todas las culturas tienen historias especiales que evocan sueños, esperanzas, preocupaciones y maneras de interpretar la realidad. En esas historias encontramos héroes, lugares desconocidos, desafíos a vencer y batallas que definieron el destino de naciones enteras. Estas historias nos inspiran y son comunicadas de generación a generación, recordándonos quiénes somos como comunidad.

Muchas veces estas historias tienen un sentido religioso profundo: Dios guía a un pueblo hacia su libertad... Dios elige un grupo en particular para revelar algo a la humanidad... la comunidad es testigo de ciertas señales divinas que confirman la sabiduría de Dios... una profecía se cumple.

Muchas de estas historias cuentan la manera como los católicos vemos a Dios acompañándonos en los Estados Unidos. Algunas de ellas narran las sagas de los inmigrantes católicos huyendo de situaciones difíciles o de la persecución para reestablecer sus vidas y sus comunidades en una nueva tierra. Otras son historias que resaltan la fe intrépida de muchos católicos y su convicción de que Dios ama de manera especial a los más vulnerables. Tal es el caso de la historia de las apariciones de Nuestra Señora de Guadalupe, muy apreciada entre los católicos hispanos. Ciertas historias bíblicas con frecuencia adquieren un sentido nuevo cuando son leídas por católicos en los Estados Unidos a la luz de nuestras experiencias actuales: el Éxodo, el paso por el desierto, la pasión, Pentecostés, etc.

Escucha estas historias con mucho interés. Conéctalas a la historia de la salvación.

4. PON ATENCIÓN A LA MANERA COMO LAS PERSONAS DE DISTINTAS CULTURAS ENSEÑAN Y APRENDEN.

La mayoría de expertos en el mundo de la educación coinciden en que educar es un proceso profundamente relacional. Ciertamente necesitamos memorizar y procesar información, estudiar textos y cumplir ciertas metas educacionales. Sin embargo, la mayor parte de lo que se queda con nosotros es lo que aprendemos cuando nos relacionamos con otras personas y nos ayuda a fortalecer esas relaciones.

Todas las culturas resaltan maneras específicas de enseñar y aprender que les ayudan a construir comunidad. Algunas culturas le dan más importancia al papel de las personas mayores y a las autoridades cuando se trata de educar a las nuevas generaciones, mientras que otras hacen más énfasis en la capacidad de pensamiento crítico de la persona como sujeto individual. Algunas culturas invierten notablemente en la cultivación de capacidades técnicas, mientras que otras se enfocan en la manera como sus miembros responden a las preguntas fundamentales de la existencia. Cada énfasis tiene su propio valor, sus fortalezas y sus limitaciones.

Estas maneras de enseñar y aprender también influencian la manera como los católicos compartimos nuestra fe. El sistema educativo en los Estados Unidos, por ejemplo, tiende a darle bastante importancia a lo que ocurre en los distintos grados escolares, el empleo de métodos que promueven el pensamiento crítico, el trabajo con libros de texto y el uso de recursos tecnológicos. La catequesis en miles de parroquias católicas refleja precisamente esas convicciones. Sin embargo, los catequistas necesitamos tener en cuenta que hay muchos católicos, tanto inmigrantes como nacidos en el país, que prefieren compartir su fe en pequeñas comunidades, o por medio del uso de historias, o participando activamente en la liturgia, quizás orando en el hogar, entre muchas otras opciones, e incluso combinando varias de estas prácticas. Mientras más conozcamos las culturas que identifican a los católicos en nuestras comunidades, mejor familiarizados estaremos con estas maneras de aprender y enseñar.

5. ORA Y CELEBRA CON CATÓLICOS DE DISTINTAS TRADICIONES CULTURALES.

A pesar de nuestras diferencias culturales y lingüísticas, es en la celebración de la Eucaristía y los demás sacramentos que los católicos experimentamos la comunión con Dios y con los demás de una manera especial. Es posible que algunas personas piensen que la iglesia como institución debería imponer una sola manera de celebrar la liturgia para preservar la unidad – por ejemplo, un idioma para todos o un solo estilo de música o una secuencia rígida de movimientos. Pero la sabiduría de la tradición cristiana a través de los siglos demuestra que la comunión no necesariamente es equivalente a uniformidad.

El *Catecismo de la Iglesia Católica* afirma: "Conviene que la celebración de la liturgia tienda a expresarse en la cultura del pueblo en que se encuentra la Iglesia, sin someterse a ella. Por otra parte, la liturgia misma es generadora y formadora de culturas" (n. 1207). Esta convicción le hace eco a la visión del Concilio Vaticano II: "La Iglesia no pretende imponer una rígida uniformidad en aquello que no afecta a la fe o al bien de toda la comunidad, ni siquiera en la Liturgia: por el contrario, respeta y promueve el genio y las cualidades peculiares de las distintas razas y pueblos" (Constitución sobre la Sagrada Liturgia, n. 37).

Hay mucho para aprender de las distintas maneras e idiomas en los cuales los católicos de distintas culturas celebramos la liturgia en los Estados Unidos. Como catequista, date la oportunidad de glorificar a Dios participando en celebraciones litúrgicas en contextos culturales diferentes al tuyo, contemplando las muchas maneras en las cuales la fe y la cultura se relacionan, descubriendo cómo esas distintas culturas interpretan y celebran el misterio de Dios. Tus perspectivas como catequista y como compañero(a) de camino en la fe serán profundamente transformadas.

Cinco recomendaciones sobre qué no hacer

1. NO ACTÚES COMO SI SÓLO "LOS DEMÁS" TUVIERAN CULTURA. De vez en cuando nos podemos referir a personas de otros grupos, especialmente los que no se parecen a nosotros o no hablan como nosotros, como personas que "pertenecen a una cultura". ¡Lo irónico es que al hacer esto dejamos de reconocer que nosotros también pertenecemos a una! Esto puede ocurrir cuando caemos en la trampa de reducir la cultura sólo características raciales o étnicas o lingüísticas. También puede ocurrir cuando pensamos que una cultura es definida sólo por sus expresiones externas como el vestido, la comida o la música.

Como vimos anteriormente, la cultura es mucho más que sus expresiones externas. La cultura es la manera en que vivimos, la matriz dentro de la cual interpretamos la realidad, individual y comunitariamente. Desde esta perspectiva, ¡todos somos parte de una cultura! Ciertamente podemos aprender nuevas culturas o cambiar la cultura en la que vivimos. No obstante, es imposible vivir fuera de una cultura en particular.

La cultura influencia profundamente la manera como entendemos el misterio de Dios al igual que la manera como oramos, aprendemos la fe y la compartimos con los demás. Un ejercicio que debemos hacer como catequistas es nombrar cómo nuestra propia particularidad cultural influencia nuestra experiencia personal. Al hacer esto creceremos en humildad.

2. NO ASUMAS QUE TODAS LAS CULTURAS SON IGUALES.

Una de las características más hermosas de la experiencia humana es que puede expresarse de muchas formas. La manera como vivimos a diario, como le damos sentido a la realidad, como formamos familias, como cuidamos de los demás, como compartimos lo que sabemos y como construimos el orden social normalmente está influenciado por los contextos culturales en los que nos encontramos. Cuando contemplamos cómo el milagro de la existencia humana se expresa por medio de distintas culturas, descubrimos con admiración las muchas maneras en que el ser humano puede realizarse.

Las culturas usualmente tienen muchos elementos en común. Hay culturas que son muy similares en la manera de fomentar relaciones familiares o practicar la religión. En los Estados Unidos podemos observar que los católicos hispanos tenemos muchos elementos en común con los católicos de origen asiático y africano. Aunque muchas culturas parecen radicalmente distintas en cuanto al idioma o a las distancias geográficas, cuando sus miembros se encuentran notan rápidamente similitudes en la manera como entienden la realidad y como se relacionan con Dios.

Sin embargo, no podemos ser ingenuos como catequistas y evangelizadores y asumir que las similitudes borran automáticamente las diferencias. Todos somos hijos e hijas de nuestras culturas particulares, y actuamos en la historia como personas influenciadas por dichas culturas.

Los católicos en los Estados Unidos tenemos una manera particular de vivir nuestra fe e interpretar la realidad influenciados precisamente por la cultura en la que vivimos. Muchas veces no reconocemos qué tanto somos influenciados por la cultura estadounidense hasta que viajamos fuera del país o nos encontramos con inmigrantes que vienen de otras partes del mundo. Sí, como católicos en los Estados Unidos, tenemos una manera muy estadounidense de relacionarnos con la realidad y con nuestra fe. Ésta es nuestra cultura, aun cuando muchos de nosotros seamos inmigrantes, la cual es fruto de la contribución de distintas voces y perspectivas. De hecho, es válido decir que hay distintas maneras de vivir el catolicismo en los Estados Unidos, y cada una de estas maneras contribuye significativamente a la construcción de la iglesia y de la sociedad en la que vivimos.

3. NO TE SUSCRIBAS A LA IDEA DE QUE UNA CULTURA ES "MEJOR" QUE OTRA PARA COMPARTIR LA FE.

La tradición judeocristiana se fundamenta en la convicción de que el amor misericordioso de Dios y el mensaje de la Revelación son para todos. El don de la salvación que recibimos por medio de Jesucristo es para toda la humanidad, lo cual afirma el carácter universal del cristianismo. Todo ser humano, sin excepción, está llamado a experimentar el amor salvífico de Dios.

Sin embargo, cuando Dios entra en relación con la humanidad en la historia, no lo hace de una manera abstracta o desencarnada. Como vimos anteriormente, Jesús de Nazaret nació, vivió y murió como un hombre judío. Su vida fue profundamente influenciada por la cultura judía de su tiempo.

Aunque hay mucho que se puede valorar de la cultura judía en tiempos bíblicos, y los catequistas necesitamos conocer bien las dinámicas sociales y culturales que influenciaron la vida de Jesús y los primeros discípulos cristianos, no necesitamos hacernos culturalmente judíos para practicar nuestra fe cristiana.

Las primeras comunidades cristianas fueron formadas por personas de origen judío. Sin embargo, uno no tenía que hacerse culturalmente judío para practicar el cristianismo. Por muchos siglos el cristianismo estuvo íntimamente asociado a las culturas europeas, pero eso no significa que uno tiene que hacerse culturalmente europeo para practicar la fe cristiana. Hoy en día, aproximadamente la mitad de todos los católicos en los Estados Unidos son euroamericanos, pero eso no significa que uno tiene que hacerse culturalmente euroamericano para ser católico estadounidense. Si alguien piensa lo contrario, tal inversión de valores necesita ser denunciada pues puede conducir a lo que pudiéramos llamar una "idolatría de la cultura".

Desde un principio, los cristianos, guiados por el Espíritu Santo, han llevado el mensaje del Evangelio a un sinnúmero de culturas para que se encarne en ellas. Los católicos con frecuencia hablamos de este proceso como "inculturación".

A medida que el mensaje del Evangelio crece en el seno de cada cultura, éstas son transformadas. El Evangelio afirma lo que hay de verdadero y bueno en cada cultura. Al mismo tiempo rechaza aquellos elementos que conducen al pecado y previenen que las personas se realicen según su dignidad como hijos e hijas de Dios. Dicho proceso de transformación permite que las culturas puedan ser mediadoras del Reino de Dios en la historia.

Sin embargo, ninguna cultura puede asumir que es perfectamente cristiana o el mejor medio para que el Evangelio se haga vida. Los catequistas necesitamos convertirnos en expertos identificando las mejores expresiones en cada cultura para mediar la riqueza del Evangelio y cultivarlas. Cuando compartimos la fe en un contexto o una comunidad culturalmente diversa, gran parte de nuestro trabajo consiste en determinar el potencial de cada expresión cultural para sostener la identidad cristiana. ¡Seguramente encontraremos muchas! Quizás algunas de estas expresiones son distintas a aquellas con las que estamos familiarizados. Es posible que algunas nos desafíen y al mismo tiempo expandan nuestros horizontes. ¡Dejémonos sorprender por el Espíritu Santo!

4. NO PIERDAS DE VISTA LOS EFECTOS DE LOS PREJUICIOS CULTURALES.

Durante la época de la colonia, muchos misioneros católicos españoles predicaron el Evangelio y formaron comunidades de fe en América Latina y el Caribe con un celo incomparable. Su labor fue exitosa en muchos sentidos, excepto en el área de fomentar el liderazgo clerical y pastoral entre las comunidades indígenas. Por varios siglos, la mayor parte de los sacerdotes, religiosos y religiosas en estas partes del continente procedían de España. Cuando las circunstancias se ponían difíciles, muchos de estos líderes regresaban a España o iban a otras partes dejando las comunidades sin la atención pastoral que necesitaban. Los prejuicios hacia las poblaciones con raíces indígenas, mestizas y negras llevaron a muchos de ellos asumir que estas comunidades eran incapaces de producir buenos sacerdotes. Personas de estas poblaciones raramente eran aceptadas en seminarios. Los prejuicios culturales y raciales permeaban profundamente la manera de actuar de muchos líderes eclesiales en aquel entonces. Gracias a Dios gran parte de esta realidad ha cambiado. Es bueno tener en cuenta que América Latina no fue el único espacio en donde esto ocurrió. Algo similar se vivió también en Asia, África e incluso en los Estados Unidos.

Este breve ejemplo ilustra dos realidades. Por un lado, nos recuerda que todos usualmente tenemos una idea de cómo se debería vivir el discipulado cristiano y cómo creemos que se debe ejercer el liderazgo pastoral en nuestras comunidades de fe. Dichas ideas preconcebidas están influenciadas por nuestras expectativas culturales. Por ejemplo, en los Estados Unidos el modelo predominante de liderazgo ministerial con frecuencia presupone credenciales académicas (o títulos universitarios) y cierto nivel de profesionalización a nivel individual. Este modelo a veces contrasta con modelos pastorales presentes en comunidades inmigrantes, que tienden a enfatizar la formación comunitaria, el liderazgo compartido y cierta clase de afirmación "carismática" (entendiendo carismático como una iniciativa guiada por el Espíritu Santo y confirmada por medio de la oración y el apoyo de la comunidad de fe local). Ambos modelos tienen sus raíces en contextos culturales específicos. Ambos tienen mucho que ofrecer a la manera como los católicos practicamos nuestra identidad como discípulos misioneros en una iglesia culturalmente diversa.

Por otro lado, tenemos que estar atentos a los efectos negativos de nuestros propios prejuicios culturales. Algunas veces podemos creer que ciertas prácticas que reflejan convicciones culturales específicas (ej., religiosidad popular, maneras de orar, la manera de medir participación en una parroquia) no son importantes o quizás son demasiado particulares para tenerlas en cuenta. Con frecuencia estas prácticas desafían la manera como estamos acostumbrados a hacer las cosas. Es posible pensar que algunas personas no pueden ser catequistas en nuestras comunidades porque son "demasiado diferentes" y no nos entenderán. La consecuencia principal de tales actitudes es el debilitamiento de los esfuerzos evangelizadores y de formar comunidades de fe en donde todos experimentemos el amor de Dios por medio de Jesucristo.

No importa con qué grupo étnico, racial o cultural nos identifiquemos, una manera de permanecer atentos a este tipo de prejuicios es siempre imaginarnos cómo responderíamos si alguien nos dijera: "la manera como practicas tu fe como un católico (*raza/etnicidad/grupo cultural*) es muy distinta a la manera como yo lo hago. Por favor cambia para que así puedas pertenecer de verdad a mi comunidad". O cómo responderías si alguien nos dijera, "aunque eres católico, pienso que no puedes ser un buen catequista o evangelizador en nuestra comunidad porque eres 'demasiado diferente', hablas diferente y tienes valores culturales que no entendemos".

Cuando los prejuicios culturales, raciales y étnicos predominan, ya sea en la iglesia o en la sociedad, todos perdemos.

5. NO IGNORES LAS LIMITACIONES DE LA CULTURA.

Las culturas no existen abstractamente. Las culturas son matrices dentro de las cuales personas de carne y hueso vivimos buscándole sentido a la realidad, entrando en relación con otras personas, transformando el mundo y caminando hacia nuestra propia realización. Las culturas tienen un carácter profundamente humano; y como realidades humanas, tienen limitaciones.

Cuando el Evangelio entra en diálogo con una cultura y establece sus raíces en ella afirmando los elementos de vida que existen allí, los cristianos pronto descubrimos que en toda cultura hay presencia de pecado e iniquidad que son obstáculos para que el Reino de Dios se haga realidad entre nosotros. Algunas veces estos elementos están tan insertos en la cultura de tal manera que pueden considerarse como "normales" o "legales". Hay muchos ejemplos. Los cristianos necesitamos estar atentos a aquellas expresiones, prácticas y convicciones que engañan, marginan y excluyen a las personas, especialmente a los más vulnerables. También tenemos que estar atentos a aquellas que permiten la injusticia, amenazan la vida y promueven el materialismo y una vida sin Dios.

Como ministros de la Palabra, los catequistas estamos llamados a elevar nuestras voces proféticas con el resto de la comunidad cristiana para denunciar las limitaciones de nuestras culturas y aquellos aspectos en ellas que claramente contradicen el Evangelio. Para hacer esto, necesitamos familiarizarnos con el tesoro de la tradición cristiana, especialmente las Sagradas Escrituras y lo mejor de la *Doctrina Social de la Iglesia* al compartir la fe con las nuevas generaciones. Más importante aún, al asumir la responsabilidad de ser testigos y de practicar la fe que enseñamos, los catequistas nos convertimos en "censores culturales", mujeres y hombres que poseemos la sabiduría de la fe para afirmar lo mejor de la cultura y nombrar sus limitaciones, comenzando con aquella en la que vivimos.

Preguntas para el diálogo y la reflexión

- ¿Cuál de las recomendaciones en este capítulo sobre "Qué hacer" te llamaron más la atención? ¿Por qué?

- ¿Cuál de las recomendaciones en este capítulo sobre "Qué no hacer" te llamaron más la atención? ¿Por qué?

- Comparte una historia, anécdota o práctica que aprendiste de alguien que no es de tu tradición cultural, racial o lingüística, la cual te ha inspirado a vivir la fe católica de una mejor manera.

- ¿Cuáles son algunos de los prejuicios culturales que has observado en tu comunidad de fe y cómo influyen en la manera de catequizar y evangelizar?

- ¿Qué deberían hacer los catequistas en tu parroquia, escuela o comunidad de fe para dialogar más abiertamente sobre temas de racismo y prejuicio cultural, tanto entre ellos como con las personas que enseñan?

Diez consejos para organizar (o reorganizar) programas catequéticos en contextos culturalmente diversos

Por cerca de dos mil años los cristianos hemos compartido la fe con un sinnúmero de personas. Es mucho lo que hemos aprendido en el proceso. Desde un principio, los misioneros, maestros, predicadores y catequistas cristianos comprendieron que si el mensaje del Evangelio iba a transformar la vida de las personas que lo escuchaban, la manera de comunicar este mensaje tenía que adaptarse a las circunstancias específicas en las cuales las personas vivían. La catequesis necesita tener en cuenta las realidades culturales que definen las vidas de los creyentes, cómo le buscan sentido a sus existencias y su forma de acercarse a la realidad. Santo Tomás de Aquino observó que "lo que se recibe, se recibe al modo del recipiente". En otras palabras, cuando recibimos la fe, la recibimos de una manera que la podamos entender.

¡El organizar un programa catequético bien estructurado es en sí mismo una tarea titánica! Para comenzar, ya hay muchos aspectos prácticos que debemos considerar, incluyendo la capacitación de los catequistas, la selección de materiales y la coordinación de horarios y espacios en donde las sesiones tendrán lugar. El tener que pensar en diversidad, idiomas y asuntos culturales y raciales/étnicos hace que el proceso se haga más complejo.

En contextos culturalmente diversos, sin embargo, es importante que los catequistas demos la importancia necesaria a los asuntos relacionados con la cultura si queremos entrar en diálogo responsablemente con las circunstancias y experiencias que definen la vida diaria de quienes catequizamos. Si la catequesis no tiene en cuenta las dinámicas culturales que hacen posible un encuentro con el misterio de Dios en el aquí y el ahora de nuestra existencia, corremos el riesgo de avanzar programas e iniciativas desconectadas de los interrogantes, compromisos y valores que son parte de la vida diaria de las personas que catequizamos.

Es posible que seas parte de una comunidad de fe o un ambiente académico en el cual la catequesis sigue un modelo que se ha usado por mucho tiempo y funcionó bien en el pasado. Quizás tal modelo fue establecido en una época en que los líderes catequéticos no tenían que preguntarse cómo interactuar con distintos grupos culturales y lingüísticos en la misma comunidad de fe. Sin embargo, si esta comunidad o ambiente académico está siendo transformado por la presencia de personas y grupos de distintas tradiciones culturales, entonces necesitamos pensar en cómo reorganizar la catequesis para servirles mejor.

Los siguientes son diez consejos prácticos para organizar

(o reorganizar) programas catequéticos en contextos culturalmente diversos que catequistas y líderes catequéticos podemos implementar con intencionalidad. Los consejos no son sugerencias abstractas que piden a los catequistas sentarse detrás de un escritorio o un computador para imaginarse un plan perfecto que responderá a toda clase de interrogantes. Estos son consejos que parten de la convicción de que la catequesis es un proceso de encuentro en el cual se aprende algo nuevo cada día.

Al igual que ocurre en el mundo de la política, la catequesis es una experiencia eminentemente *local*. Los siguientes diez consejos no son fórmulas rígidas sino recomendaciones generales que buscan crear ambientes para que se fomenten conversaciones creativas sobre catequesis y diversidad cultural.

Espero que después de leer estos consejos puedas decir: "¡Sí se puede!"

1. ORA PIDIENDO LA SABIDURÍA NECESARIA PARA SABER QUÉ HACER.

Nada mejor que comenzar orando cuando discernimos qué hacer para organizar un programa catequético. Después de todo, es el Espíritu Santo quien guiará el proceso, preparará y moverá los corazones de quienes estarán involucrados, inspirará a los catequistas y se asegurará de que los dones que los bautizados recibimos darán fruto para el bien de toda la comunidad.

Te invito a considerar dos pasajes bíblicos en los cuales miembros de la primera comunidad cristiana oran antes de lanzarse a la catequesis y a la evangelización en medio de la diversidad. Ambos pasajes son tomados del libro de los Hechos de los Apóstoles.

El primero está en Hechos, capítulo 2. Los discípulos se habían reunido para orar y discernir los siguientes pasos después de la Ascención del Señor. Seguramente sabían que la tarea de anunciar la Buena Nueva a las muchas personas que vivían en Jerusalén era gigantesca. Sus corazones estaban llenos de temor e incertidumbre. Pero el día de Pentecostés recibieron el Espíritu Santo: "Todos quedaron llenos del Espíritu Santo, y comenzaron a hablar en distintas lenguas, según el Espíritu les permitía expresarse" (Hechos 2:4). Con el Espíritu en sus corazones, ahora sabían qué hacer y cómo hacerlo en medio de una población diversa.

Más adelante en el libro de los Hechos, esta vez en el capítulo 10, Pedro discierne la idea de bautizar a Cornelio, un soldado romano, un gentil. Estando en oración, Pedro escucha cuál es el plan de Dios. Al entrar en la casa de Cornelio, el apóstol testifica: "Verdaderamente, comprendo que Dios no hace acepción de personas, y que en cualquier nación, todo el que lo teme y practica la justicia es agradable a él" (Hechos 10:34–35). El Espíritu Santo viene sobre Cornelio y todos los que vivían en su casa; luego todos fueron bautizados. Este pasaje nos recuerda la universalidad de la salvación. La diversidad no es un obstáculo para experimentar el amor misericordioso de Dios.

Si tienes alguna duda sobre qué hacer, ora. Dios te mostrará el camino.

2. CONOCE BIEN LA COMUNIDAD Y LAS PERSONAS CON QUIENES TE ENCONTRARÁS EN LA EXPERIENCIA CATEQUÉTICA.

Puede ser tentador para algunos catequistas asumir que siempre y cuando nos mantengamos enfocados en el tema o en el contenido de un libro de texto, o el catecismo, o una guía catequética, no hay necesidad de hacer de la catequesis algo personal o no tendremos que preocuparnos por asuntos pertinentes a la cultura de las personas a quienes catequizamos.

Sin embargo, los católicos entendemos la catequesis de una manera muy distinta. La catequesis tiene que ver directamente con nuestra vida diaria, toma en serio la importancia de la cultura en la manera como nos relacionamos con Dios y busca fortalecer la práctica de nuestra fe. ¡No hay nada más personal que esto!

Cada persona y cada grupo tiene una historia. Tómate el tiempo de aprender algo nuevo sobre los distintos grupos culturales y lingüísticos en tu comunidad de fe. He aquí tres maneras de conocer un poco más sobre ellos:

a. Lee historias breves sobre cada grupo. Si son inmigrantes o hijos de inmigrantes, aprende sobre cómo llegaron al país. Puedes ir a una biblioteca o hacer una búsqueda en el internet.

b. Encuéntrate con dos o tres personas de estas comunidades, preferiblemente de distintas edades, y pídeles que compartan algunas historias personales. Puedes usar las siguientes preguntas en una conversación breve:
   - *¿Quién eres? Cuéntame un poco sobre lo que haces.*
   - *¿Puedes compartir algo sobre el lugar en donde creciste?*
   - *¿Qué es lo que más aprecias de la comunidad cultural/étnica/lingüística con la que te identificas?*
   - *¿Cuál tradición religiosa de tu comunidad te gusta más?*
   - *¿De qué manera sientes que perteneces a esta parroquia (o escuela o grupo)?*

c. Si estas comunidades celebran la Eucaristía en un idioma distinto al tuyo, o quizás otra celebración litúrgica o ritual, saca un momento para acompañarles. Observa...escucha... contempla... disfruta la experiencia.

Toma algunas notas y dialoga sobre ellas con otros catequistas, tus amigos y tu familia.

3. ESCUCHA ATENTAMENTE LAS DISTINTAS VOCES DE LA COMUNIDAD.

Aprovecha la sabiduría para compartir la fe que ya existe en cada uno de los grupos culturales en tu comunidad. Investiga cómo los padres de familia en los distintos grupos comparten la fe con sus hijos. Pregunta cómo oran las familias en el hogar. Averigua si los padres de familia y otros adultos en la casa tienen alguna dificultad acompañando a los más jóvenes en sus itinerarios de fe.

Con frecuencia los líderes catequéticos y pastorales planeamos programas catequéticos basados en nuestro propio caminar, instinto y experiencia profesional, usualmente sin consultar a los grupos en la comunidad que serán más afectados por nuestras decisiones. Es común que los grupos considerados como "minorías" no sean parte de esta consulta.

Es común también que los párrocos, los líderes catequéticos y los administradores educacionales tomemos decisiones sobre materiales catequéticos sin explorar cómo dichos materiales incorporan las experiencias de los distintos grupos culturales en nuestra comunidad. A veces estamos acostumbrados a los materiales de una casa editorial específica, pero esto no necesariamente significa que sus materiales sean adecuados para una catequesis bilingüe o una catequesis que prepare a los creyentes para vivir y practicar su fe en una iglesia y una sociedad culturalmente diversas.

En el momento de programar la catequesis, es bueno averiguar cuáles son los mejores horarios para tener las sesiones. Muchas comunidades asumen que los fines de semana y las noches son los mejores momentos para la catequesis. Sin embargo, en comunidades con números altos de inmigrantes, o personas mayores, o quizás personas que trabajan en el campo, los mejores horarios pueden ser otros. Las comunidades multiculturales en ambientes urbanos muchas veces no tienen la flexibilidad de las comunidades en ambientes suburbanos.

Una preocupación frecuente en comunidades multilingües es el idioma de la catequesis. Las opiniones sobre este tema varían de comunidad a comunidad. Algunos líderes catequéticos insisten en que la catequesis debe ser "sólo en inglés". Algunos inmigrantes quieren aprovechar la catequesis como un momento para enseñar y cultivar idiomas y tradiciones culturales de los mayores. En algunas comunidades la catequesis se ofrece en dos, tres y más idiomas. Es común que en programas catequéticos para niños y jóvenes que son hijos de inmigrantes, los niños y jóvenes no siempre coincidan con los adultos en cuanto al idioma preferido para ser catequizados.

Basado en mi experiencia de varias décadas en el mundo de la catequesis y habiendo dialogado con un sinnúmero de líderes catequéticos en docenas de diócesis en el país, ofrezco tres recomendaciones prácticas:

1. recuerda que el propósito central de la catequesis es ante todo facilitar un encuentro transformador con la Buena Nueva de Jesucristo y la riqueza de la tradición cristiana;

2. integra el mayor número de elementos culturales y lingüísticos posible para avanzar el propósito central de la catequesis (ver n. 1) de una manera realmente encarnada, pero sin convertir dichos elementos en el centro de la tarea catequética; y

3. ofrece la catequesis en el idioma en el que *la persona que está siendo catequizada* se sienta más cómoda. Si esto implica ofrecer catequesis en varios idiomas, la comunidad de fe debe buscar la manera de hacerlo con propiedad. Las necesidades variarán de comunidad a comunidad.

Una última nota con relación al idioma de la catequesis: es normal que los niños y jóvenes nacidos en los Estados Unidos viviendo en hogares con padres (o familiares) inmigrantes prefieran ser catequizados en inglés, aunque hablen un idioma distinto en casa. El inglés tiende a ser el idioma que se usa para la mayoría de actividades fuera del hogar. Sería ideal que los catequistas creáramos momentos de encuentro entre estos niños/jóvenes y sus familias por medio de reuniones, retiros e incluso sesiones catequéticas en el idioma de los adultos inmigrantes. Al hacer esto, se involucran los demás miembros de la familia en la experiencia catequética y se presenta la oportunidad de hacer una catequesis familiar. Esto también ayuda a mitigar la percepción de que las diferencias lingüísticas son un obstáculo para compartir la fe.

Consulta con líderes a nivel diocesano, regional o nacional que tengan experiencia en estos asuntos. Estas personas seguramente tendrán conocimiento de buenos modelos que te puedan ayudar para que tu programa catequético sea eficaz en un contexto culturalmente diverso.

4. ESTABLECE UN EQUIPO ASESOR.

No hace mucho, un gran número de parroquias católicas en los Estados Unidos tenían comités asesores para la catequesis, los cuales ayudaban a los párrocos y a los directores de programas de educación religiosa a evaluar iniciativas para la formación en la fe. Estos equipos todavía existen en algunas parroquias, aunque lamentablemente la práctica es cada vez menos común.

Organizar un programa catequético en contextos culturalmente diversos exige bastante energía, creatividad y consulta. La creación de un equipo asesor que ayude con asuntos catequéticos en estos contextos tiene un gran potencial. Este equipo tendría como tarea reunir a los líderes de la comunidad de fe junto con representantes de los grupos culturales, lingüísticos, raciales y étnicos que se encuentran en la parroquia. Sería ideal que personas consideradas expertas en las áreas de pedagogía, educación multicultural y currículo se unieran a este equipo. El equipo asesor puede diseñar programas catequéticos sólidos, apoyar a los líderes de la catequesis y capacitar a los catequistas. También puede evaluar si el programa de catequesis está cumpliendo sus objetivos, especialmente en cuanto a la formación en la fe de los grupos culturales presentes en la comunidad.

5. OFRECE FRECUENTEMENTE CAPACITACIÓN SOBRE COMPETENCIAS INTERCULTURALES A LOS LÍDERES CATEQUÉTICOS Y CATEQUISTAS DE LA COMUNIDAD.

Es normal que los catequistas confiemos en nuestra propia experiencia y con frecuencia usemos nuestros instintos para compartir la fe con personas de distintas edades. Pero a veces la experiencia y el instinto no son suficientes para catequizar adecuadamente, especialmente cuando nos encontramos con situaciones e interrogantes nuevos, por lo cual necesitamos actualizarnos. Tal es el caso de catequizar en un contexto en donde tenemos que ser conscientes de lo que exige responder a asuntos de diversidad cultural, racial, étnica y lingüística. Es mucho lo que está en juego cuando compartimos nuestra fe. Aparte de acompañar a las personas en sus itinerarios de fe, la catequesis juega un papel importante en la capacitación de personas para que formen comunidades fieles e inclusivas.

Todos los catequistas y líderes catequéticos necesitamos aprender y cultivar competencias interculturales para servir en la iglesia en los Estados Unidos. Esto aplica más de lleno a quienes servimos en las miles y miles de parroquias católicas en el país con diversidad de comunidades culturales, lingüísticas y raciales. Sin embargo, todos los catequistas necesitamos adquirir estas competencias. Los obispos católicos estadounidenses definen una competencia intercultural como "la habilidad de comunicarse, relacionarse y trabajar en los diferentes ambientes culturales. [Esta habilidad] requiere el desarrollo en tres áreas: conocimiento, habilidades y actitudes". El capítulo 5 de este libro ofrece más detalles sobre este tema tan importante.

A medida que los catequistas en nuestras comunidades de fe e instituciones educativas católicas adquirimos las necesarias competencias interculturales, tendremos la oportunidad de aplicar nuestro conocimiento, habilidades y actitudes a la manera como servimos una gran diversidad de grupos. Los catequistas que son interculturalmente competentes se encuentran en una posición privilegiada para ayudar a otros católicos en la comunidad a entender mejor la complejidad de ser parte de una iglesia diversa, especialmente aquellos que por alguna razón evitan hablar sobre temas de cultura, raza y diferencias lingüísticas.

Las siguientes son algunas iniciativas que se pueden ofrecer para cultivar competencias interculturales:

- promover estrategias pedagógicas que ayuden a integrar temas de diversidad cultural;

- conversaciones y presentaciones sobre las condiciones que causan migraciones masivas, condiciones de pobreza y discriminación;

- diálogos sobre las realidades que afectan las vidas de los inmigrantes y los prejuicios sociales que todavía existen en nuestra sociedad (ej., el racismo);

- presentaciones sobre lo que significa vivir en una sociedad pluralista.

6. INVITA, PREPARA Y CREA OPORTUNIDADES DE LIDERAZGO PARA LOS CATEQUISTAS DE LOS GRUPOS CULTURALES QUE ESTÁS SIRVIENDO.

Los mejores catequistas son los que vienen del seno de las mismas comunidades. Estas personas de distintas edades conocen las dinámicas locales, están familiarizadas con las familias y el barrio, oran con la comunidad y pueden hacer conexiones importantes entre la catequesis y las vidas de quienes son catequizados.

En comunidades diversas que catequizan niños, jóvenes y adultos de distintos grupos culturales, lingüísticos, raciales y étnicos, es importante identificar catequistas que vengan de esos grupos. Estos catequistas poseen competencias interculturales que les permiten hacer conexiones importantes de una manera natural. Los jóvenes bilingües y biculturales pueden contribuir mucho a la catequesis. ¡No dudes en invitarles! Ésta puede ser también una oportunidad para plantar en sus corazones la idea de discernir una vocación a servir en la iglesia de manera más comprometida.

Algunas veces las parroquias y las escuelas necesitan personas que catequicen en varios idiomas, según las necesidades más inmediatas. No hay necesidad de que todos los líderes catequéticos tengan que aprender varios idiomas cada vez que se presenta dicha necesidad. Si has hecho tu tarea de dialogar con los distintos grupos culturales en tu comunidad, no deberías tener dificultad identificando, capacitando y cultivando catequistas que puedan hacer esto.

Asegúrate de que todos los catequistas en tu comunidad compartan su fe con el mayor número de personas de distintos grupos culturales según sea posible. Ser una catequista hispana no significa que esta persona sólo pueda catequizar a personas hispanas. El exponernos a la diversidad de culturas que ya existe en la comunidad de fe es una oportunidad para aprender de las muchas experiencias, historias y maneras de practicar la riqueza de nuestra fe católica.

Importante. Aunque la población católica estadounidense es increíblemente diversa, todavía la mayoría de directores de educación religiosa en parroquias, diócesis y escuelas católicas son culturalmente euroamericanos. Es importante que hagamos lo posible para que el liderazgo catequético también se diversifique. Un primer paso para ello es cultivar catequistas de los distintos grupos culturales en la parroquia, incluyendo católicos euroamericanos de raza blanca, y prepararles con las debidas competencias interculturales para que más adelante puedan discernir ser líderes de la catequesis en sus comunidades.

7. IDENTIFICA RECURSOS QUE HABLEN DEL TEMA DE LA DIVERSIDAD CULTURAL COMO ALGO IMPORTANTE (EJ., GUÍAS, VIDEOS, LIBROS, PÁGINAS WEB).

Cada vez es más común que las casas editoriales y las organizaciones que producen materiales catequéticos integren recursos que reflejen la diversidad cultural de las comunidades en los cuales serán usados. Hoy en día un buen número de guías catequéticas son bilingües, principalmente inglés y español. Las imágenes y fotografías en los materiales catequéticos impresos y digitales muestran católicos de distintas culturas, razas y etnicidades. También es normal encontrarnos con la integración de prácticas, rituales y símbolos de distintos grupos culturales para ilustrar puntos importantes de la fe católica. Estos son pasos muy importantes.

Al escoger materiales catequéticos en contextos diversamente culturales, asegúrate de discernir cómo estos materiales conectan con la cultura del grupo específico al que buscas servir por medio de la catequesis. Cuando alguien se encuentra con un recurso que resuena con un aspecto personal o con su cultura, el nivel de compromiso es mucho mayor. No pierdas de vista la importancia de la cultura y el idioma.

Aparte de las guías catequéticas tradicionales, busca recursos catequéticos que te permitan comunicar el mensaje de la fe entrando en diálogo con la cultura y el idioma de los distintos grupos que son parte de tu comunidad. Busca estos recursos en línea o en una biblioteca o en un centro de apoyo en la oficina diocesana de educación religiosa. Crea una lista de recursos. Invita a personas que vengan de los distintos grupos culturales en tu parroquia a que compartan sus historias y cómo practican su fe.

8. CREA RECURSOS PARA PLANEAR SESIONES CATEQUÉTICAS QUE INTEGREN FORMALMENTE EL TEMA DE LA CULTURA.

Al organizar un programa de catequesis en contextos culturalmente diversos, es importante tener en cuenta que es en los aspectos prácticos de la catequesis, y no sólo en la planeación general, en donde deben hacerse compromisos serios con relación a asuntos de cultura, raza, etnicidad e idioma.

Necesitamos comprometernos a entrar en diálogo con la particularidad cultural de nuestras comunidades en el proceso más básico de la experiencia catequética: la planeación de las lecciones. En su libro *Here's How, A Catechist's Guide: Planning and Teaching Your Catechetical Sessions* (Twenty-Third Publications), Lee Danesco invita a los catequistas a tomarse el tiempo necesario para planear sus lecciones: “No importa el nivel del grupo, el tamaño de la clase o el contenido de la lección, toda clase que enseñes necesita planeación básica y práctica” (p. 4).

Es posible que los materiales que vayas a usar ya hagan referencia a alguna práctica, historia o devoción de un grupo cultural en particular. Sin embargo, estos materiales con frecuencia son diseñados para una audiencia bastante extensa y no siempre conecten con la experiencia de los grupos culturales, lingüísticos, étnicos o raciales que están en tu comunidad. En estos materiales las referencias al tema de la cultura son por lo general bastante generales. Es allí en donde puedes hacer la diferencia.

Vamos a decir que divides tu clase en cinco momentos: oración inicial, lectura, cortas dramatizaciones, diálogo en grupo y reflexión final (ver el libro de Lee Danesco, p. 24). Ésta es una de varias opciones para organizar tu tiempo, la cual puedes adaptar de distintas maneras. Al planear tu lección, asegúrate de incorporar el tema de la cultura de manera intencional. Por ejemplo, incluye una oración, lectura o historia que se relacione directamente con una o dos de las comunidades culturales representadas en tu grupo. También puedes elaborar un material auxiliar (ej., imagen, poema, canción, historia, ritual) que ilustre cómo un grupo cultural en tu comunidad vive y celebra el tema de la sesión catequética que estás enseñando. Comparte este material e invita a quienes están en tu grupo de catequesis a que lo lleven a casa para dialogar sobre él con sus familias.

Invito a los directores de educación religiosa y otros líderes catequéticos a incorporar estas sugerencias permanentemente en sus programas, especialmente si sirven en comunidades culturalmente diversas. ¡Este compromiso no debiera ser opcional! Es posible que algunos catequistas no tengan la preparación o el tiempo para hacer este tipo de integración en la planeación de sus lecciones. Es ahí en donde el líder catequético entra, capacitando, ofreciendo recursos, apoyando y evaluando.

La apreciación de la diversidad cultural no ocurre accidentalmente. Es una virtud que hay que cultivar con firmeza y constancia. El momento de planear las lecciones es fundamental para lograr esta meta.

9. PLANEA INVOLUCRAR A LAS FAMILIAS DESDE UN PRINCIPIO.

Los documentos eclesiales sobre la catequesis nos recuerdan constantemente la importancia de la familia como el primer espacio en donde nos hacemos conscientes de la fe y la cultivamos. El *Directorio General para la Catequesis* afirma: "Los padres de familia son los primeros educadores en la fe. Junto a los padres, sobre todo en determinadas culturas, todos los componentes de la familia tienen una intervención activa en orden a la educación de los miembros más jóvenes" (n. 255). Aunque sabemos esto, con frecuencia no lo hacemos realidad. Muchos padres de familias parecen sentirse cómodos delegando esta responsabilidad a los catequistas y a otros educadores.

La catequesis en contextos culturalmente diversos debe aprovechar las distintas maneras de vivir en familia que existen en la comunidad. Para muchos inmigrantes, por ejemplo, compartir prácticas y tradiciones culturales es una experiencia profundamente familiar. Compartir la fe y aprender los valores fundamentales es percibido como una responsabilidad de toda la familia. Para muchos estadounidenses de distintas culturas, el uso de la tecnología es fundamental para conectar a los distintos miembros de la familia e involucrarlos en la actividad catequética. Los programas de catequesis deben estar atentos a estas perspectivas.

En el caso de niños y jóvenes inmigrantes o hijos de inmigrantes, involucrar a toda la familia en la catequesis puede exigir el uso de varios idiomas.

10. PARTICIPA ACTIVAMENTE EN LA VIDA DE LOS GRUPOS CULTURALES A LOS QUE SIRVES.

Aunque podemos nombrar momentos catequéticos específicos en los cuales nos encontramos para compartir y dialogar sobre nuestra fe, la catequesis es parte de una experiencia personal, social y eclesial mucho más amplia. Al aprender y discernir nuestra fe, estamos haciendo constantemente conexiones entre lo que escuchamos en la catequesis y lo que ocurre en nuestras vidas.

Todo lo que ocurre en nuestras comunidades de fe es parte de la catequesis: la celebración de la liturgia y los sacramentos, los grupos de oración, las instancias de servicio a los más necesitados, la manera como formamos comunidad en medio de la diversidad, nuestra participación como católicos en la vida cívica, los grupos de estudio bíblico, etc. Lo que ocurre en lo cotidiano influye profundamente en la experiencia catequética. Por ello, al momento de catequizar no podemos menospreciar lo que ocurre en el hogar, el trabajo, la escuela, nuestras relaciones, etc.

Los catequistas y los líderes catequéticos necesitamos involucrarnos en las experiencias diarias de los grupos a los que servimos para ayudarles a hacer estas conexiones entre fe y vida. Involucrarse no significa ser entrometidos sino demostrar interés y compromiso inspirados por el amor misericordioso de Dios.

Al involucrarnos aprendemos mucho sobre las realidades y circunstancias que afectan las vidas de las muchas personas a quienes encontramos en la experiencia catequética. El Papa Francisco nos recuerda que involucrarse es un aspecto importante del proceso de evangelización: "La comunidad evangelizadora se mete con obras y gestos en la vida cotidiana de los demás, achica distancias, se abaja hasta la humillación si es necesario, y asume la vida humana, tocando la carne sufriente de Cristo en el pueblo. Los evangelizadores tienen así 'olor a oveja'" (*La alegría del Evangelio*, n. 24). Involucrarse fortalece los lazos de solidaridad y nos invita a entender la catequesis como una verdadera experiencia para formar comunidad en medio de la diversidad.

Preguntas para el diálogo y la reflexión

- ¿Cuál de los consejos compartidos en este capítulo crees que serán de más ayuda en tu programa catequético?

- ¿A dónde vas y con quién consultas cuando necesitas recursos que afirmen la experiencia cultural, racial/étnica o lingüística de los grupos a los que sirves en tu comunidad de fe? (Haz una lista breve que puedas compartir posiblemente con otros catequistas).

- ¿Qué puedes hacer en tu programa catequético para invitar y preparar catequistas de distintos grupos culturales para que sirvan en este ministerio tan importante? Propón al menos cinco compromisos prácticos para fomentar la diversidad.

- Si tu comunidad de fe o escuela es culturalmente diversa y ya tiene un programa de catequesis, ¿qué elementos de la lista de consejos compartida en este capítulo implementarías para fortalecer dicho programa?